本书为2023年度江西省智库研究项目：
"景漂"现象与景德镇陶瓷文化产业生态圈研究（23ZK05）成果

"景漂"与景德镇陶瓷文化产业生态圈研究

刘冰峰 著

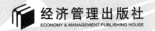

经济管理出版社

ECONOMY & MANAGEMENT PUBLISHING HOUSE

图书在版编目（CIP）数据

"景漂"与景德镇陶瓷文化产业生态圈研究/刘冰峰著 .—北京：经济管理出版社，2023.9

ISBN 978-7-5096-9291-2

Ⅰ.①景… Ⅱ.①刘… Ⅲ.①陶瓷—文化产业—产业发展—研究—景德镇 Ⅳ.①G124

中国国家版本馆 CIP 数据核字（2023）第 183982 号

组稿编辑：王　慧
责任编辑：杨　雪
助理编辑：王　慧
责任印制：黄章平
责任校对：张晓燕

出版发行：经济管理出版社
　　　　　（北京市海淀区北蜂窝 8 号中雅大厦 A 座 11 层　100038）
网　　址：www. E-mp. com. cn
电　　话：（010）51915602
印　　刷：北京晨旭印刷厂
经　　销：新华书店
开　　本：720mm×1000mm/16
印　　张：13.75
字　　数：204 千字
版　　次：2023 年 10 月第 1 版　2023 年 10 月第 1 次印刷
书　　号：ISBN 978-7-5096-9291-2
定　　价：78.00 元

—总序—

景德镇陶瓷大学坐落于首批国家历史文化名城——江西省景德镇市，是全国唯一一所以陶瓷命名的多科性大学，是全国首批 31 所独立设置的本科艺术院校之一、94 所具有资格招收中国政府奖学金来华留学生的高校之一，是教育部卓越工程师教育培养计划高校、教育部深化创新创业教育改革示范高校、文化和旅游部中国非物质文化遗产传承人群研修研习培训计划首批参与院校、全国创新创业典型经验高校和首批转型发展试点院校，现已发展成为全国乃至世界陶瓷人才培养、陶瓷科技创新和陶瓷文化艺术交流的重要基地。

景德镇陶瓷大学肇始于 1910 年由中国近代实业家、教育家张謇等人创办的中国陶业学堂，曾经九易校名、四迁校址、四度中断，历经艰辛，颠沛流离，然初心不移，血脉贯通，文脉相承，弦歌不辍，始终根植于陶瓷行业这片沃土，经过一代又一代陶大人的努力奋斗，形成了自己的优良传统和独特的精神文化品格，即："养成明白学理、精进技术人才，以改良陶业"的办学宗旨，"培养为陶瓷业服务的尖兵"的人才培养目标，"脑手并用、科艺结合、专攻深究"的人才培养理念，"诚朴恕毅"的校训，"勉知力行"的校风和"发扬国粹、利民裕国"的精神。

伴随着 1984 年景德镇陶瓷学院企业管理系的成立与发展变迁，陶瓷经济与管理学科建设与科学研究在这里开始萌芽并蓬勃发展。当历史的年轮跨入 2023 年的时候，陶瓷经济与管理学科建设和科学研究在这里发展刚好 40 周年。40 年来，一批批陶瓷经济与管理学者怀着复兴中国瓷业经济的使命与梦想,摒弃浮华,追求本真,以科学家精神引领创新,从陶瓷产品品牌打造、陶瓷企业竞争力与可持续发展、陶瓷产业绩效与发展战略、陶瓷产业价值链提升和陶瓷产业集群升级、陶瓷文化传承创新发展等多方面进行了开创性研究和深入探索,发展形成了陶瓷产业经济与管理学科研究的逻辑体系,铸造了陶瓷经济管理的创新精神和学科优势,提升了陶瓷经济管理的学科影响力,构建了独特的陶瓷经济管理话语体系。

陶瓷经济与管理学科发展促进学院从企业管理系到工商学院再到管理与经济学院的更替发展。近年来,陶瓷经济与管理作为本校三大优势特色学科群之一,更成为景德镇陶瓷大学重点发展学科与发展领域。2023年是实施"十四五"规划承上启下的关键之年,也必将是我院陶瓷经济与管理学科发展在沿承历史基础上开创新辉煌的起点。正是基于此信念,我们组织撰写出版了陶瓷经济与管理丛书,旨在打造一个展示陶瓷经济与管理研究成果的平台,为陶瓷经济与管理学科发展添砖加瓦,为建设有重要国际影响力的高水平陶瓷大学做出积极贡献!

2023 年 10 月于景德镇陶瓷大学

—序—

说到"漂"一族，大家脑海里都会浮现这么一群人：从小地方到大城市，自经济欠发达地区向经济发达地区，满怀激情，漂在异乡，用自己的坚忍和执着来实现心中的理想。

然而，在景德镇，也有这么一群人，他们来自四面八方，甚至有的来自遥远的异国他乡，他们为了心中所爱，在这座小城坚定地"漂"着。

景德镇原名昌南镇，有着1700多年的制瓷历史。唐朝时期，昌南生产的精美瓷器远销世界各地，在欧洲，人们以能拥有一件昌南镇瓷器为荣，把"昌南"的谐音"China"作为瓷器和瓷器的家乡"中国"的代称。公元1004年，酷爱瓷器的宋真宗把年号"景德"赐给昌南，景德镇由此得名。

由于地处黄山余脉、怀玉山余脉向鄱阳湖的过渡带，独特的地理环境让景德镇在历史上两次接纳了全国最优秀的制瓷艺人，一次是北宋末年的北方战乱，另一次则在元代初期。躲避战乱的手艺人逃到这里安身度日，他们的手艺也在这里生根、开花。南北方制瓷的各道工序在这里一直不停地发展、融合，直到今天，景德镇还保留着手工制瓷最完整的工序、最精湛的技艺。

国际上众多陶艺家，正因中国是世界陶瓷的中心，景德镇又是中国陶瓷的中心，才想来到这里"朝圣"。一份来自景德镇官方的统计资料显示，据初步测算，目前"景漂"一族已达每年2万人次的规模，其中外籍人士1200人左右。

在景德镇，不少陶瓷艺人都是自幼习艺，甚至是职业世代相传。而如今，除了家传、"学院派"之外,"景漂"俨然成为千年瓷都的生力军。

李见深是一名典型的"景漂"。1978年,九江人李见深第一次"漂"到了景德镇,和很多只懂得陶瓷的景德镇"陶瓷大师"相比,李见深算是个杂家……

湖南人张建,从中央美术学院瓷器艺术系毕业后扎根景德镇,创造大朴烧柴烧品牌,潜心研究柴烧技艺……

澳大利亚艺术家China De La Vegas在景德镇有自己做传统陶瓷的仓库。他的名字来源于远在阿根廷的父亲,China在阿根廷是牛仔的意思。他在北京和悉尼开过工作室,经人介绍到景德镇后,白天在工作室,晚上住青年旅舍,和众多艺术家一起成为了"景漂"……

"瓷"与"磁"同音,瓷都景德镇就像一个大磁场,吸引着血液里流淌着瓷因子的艺术工作者。对他们来说,也只有到了景德镇,才能真正感受到窑火的心跳,触摸到瓷艺的脉搏。

也正是因为这种大气、包容的传统,在这样一个经济欠发达地区的小城市,这么多外来艺术家不仅感觉不到陌生和隔阂,而且能够带着各自的思想、新鲜的信息与当地艺术逐渐融合,一起发展。

世界上没有哪座城市像景德镇这样,一千年以来以一种技艺支撑着整座城市。如今的景德镇既有世界的眼光,又有海纳百川的胸怀,传统与创新在这里交融生辉,来自全国甚至世界各地的"景漂"艺术家和创业者形成了一种独特的文化现象。这座城市为数万名"景漂"提供了舞台,让他们从瓷都千年的文化积淀中汲取营养,实现自己的艺术梦想,而"漂"在景德镇的他们也成为了参与这座城市转型的重要力量。

—目录—

第1章

『景漂』人才研究

景德镇是一座充满艺术气息和特殊魅力的城市，当前，全国试验区建设如火如荼，景德镇以海纳百川的胸襟，加快构建世界级陶瓷人才集聚高地。目前，全市吸引了超过 3 万名"景漂"来到景德镇，其中有 5000 多名"洋景漂"，他们在这里学习陶瓷技艺，为陶瓷梦想创业，推广陶瓷产品和文化。日前，江西省委人才工作会议明确提出，要将"景漂"人才品牌越擦越亮，这意味着"景漂"群体已成为这座城市不可或缺的发展力量。

从江西景德镇市中心往东南山麓行进 20 分钟车程，便到了三宝国际瓷谷。沿山谷一路行来，一处处工业遗存述说着泥与火的交融传承。虽已是寒冬腊月，被誉为"瓷都"的景德镇却处处燃着一把火，不仅烧出了享誉世界的瓷器，还吸引着数万名务工者来到景德镇，形成了独具特色的"景漂"群体。

本章首先介绍景德镇"景漂"创业共同体的项目背景、研究参与者和主要活动；其次介绍数据收集工具、数据收集与分析方法的说明；最后介绍有关研究质量的控制以及研究伦理的保障方法。

1.1 "景漂"人才的基本概况

1.1.1 研究背景

景德镇是一座极具传统文化特色的城市，每年吸引数以万计的海内外陶艺家、青年学生和"创客"前来寻梦创业，形成了独特的"景漂"现象。据统计，目前有 3 万多名"景漂"集聚瓷都，在景德镇陶溪川、三宝瓷谷、雕塑瓷厂等地办起了各种工作室和作坊，为陶瓷产业升级注入了新鲜的血液，成为瓷都发展中一股不可忽视的力量。

2014年9月，国务院总理李克强在达沃斯论坛上公开发出"大众创业、万众创新"的号召。2015年5月，国务院发布的《国务院关于进一步做好新形势下就业创业工作的意见》中指出，"面对就业压力加大形势，必须着力培育大众创业、万众创新的新引擎，实施更加积极的就业政策，把创业和就业结合起来，以创业创新带动就业，催生经济社会发展新动力，为促进民生改善、经济结构调整和社会和谐稳定提供新动能"。2017年3月15日，国务院总理李克强在北京人民大会堂与中外记者见面，并回答记者提问。他指出，"双创"不仅带动了大量就业，促进创新驱动发展战略深入实施，它也是一场改革，因为它抓住了人这个生产力当中最重要的因素，让人的聪明才智和活力充分展现出来，让大家有改变命运、获得纵向上升的平等机会。在"大众创业，万众创新"的大背景下，2018年江西省政府工作报告中提出：要大力支持创建景德镇国家陶瓷文化传承创新试验区，争取国家支持设立景德镇陶瓷文化综合保税区，加快打造景德镇"一带一路"文化节点城市。省人大代表、中国轻工业陶瓷研究所副所长饶晓晴说，陶瓷曾经是古代丝绸之路上最重要的商品，是世界认识中国的一张亮丽名片。目前，景德镇正抢抓机遇，传承创新景德镇陶瓷文化，深度融入和参与"一带一路"建设，打造中国与世界对话的窗口。人才是城市发展的第一要素，为吸引优质的"景漂"来景创业并扎根于景，促进城市经济整体发展，政府出台了很多鼓励"景漂"创业的优惠政策。

为深入了解"景漂"的创业状态，本书就以"景漂"为关键词对景德镇的部分"景漂"进行调查，以此为样本，进一步了解"景漂"的创业状况，并对景德镇创意陶瓷产业的发展提出相应的建议。据调查，大部分"景漂"处于想要获得发展，但是缺乏有效途径的创业"瓶颈"期。

景德镇陶瓷大学在"景漂"发展方面已开展了不少项目，包括校本交流、问卷调查、"景漂"座谈、校际交流等，因此当地政府和高校对"景漂"的现状与需求有所了解。同时，一些以陶瓷为核心的"景漂"创业者正随着

"双创"政策的推出而逐步形成。在这样的背景下，学校在文献研究和借鉴外校实践的基础上，决定尝试通过建立创业共同体，为"景漂"提供一种资源的、人力的学术支持，以帮助普通"景漂"走出发展"瓶颈"。可见，景德镇"景漂"创业共同体是在"景漂"自愿参加、并且获得政府和院校支持的基础上逐步创建起来的社会创业型组织。

"景漂"创业共同体主要通过以下三个步骤而创建：①与项目成员商议之下，本书初步确定了拟参与该共同体的"景漂"名单，共 12 位。主要的选择标准是：在景德镇停留或创业时间在 20 年以内的中青年"景漂"（参考年龄区间在 23~40 周岁）。②确定名单之后，本书的研究者即项目协调人逐一通过电话或会面的方式征求 12 位"景漂"的个人意愿，12 位"景漂"均表达了强烈的学习愿望并志愿参加"景漂"创业共同体，也同意作为研究对象接受研究者的跟踪。③经过一个月的调研和推动，"景漂"创业共同体于 2018 年 6 月正式启动。与此同时，研究者以参与观察者的身份直接进入研究场域。

"景漂"创业共同体被称为 PARJ 创业共同体。PARJ 是四个英文单词的首字母缩写，具体有如下含义：①P 是指以项目为基础或中介（Project-based）。12 位"景漂"都带着各自的追求和理想进入共同体，因此"景漂"在共同体中的学习和交流是以项目为基础或中介的。②A 是指受到行政支持（Administration-supported）。该创业共同体并非是完全自上而下的学习型组织，而是受到了行政的推动及经费支持。③R 是指有研究者指导（Researcher-guided）。"景漂"在该创业共同体中会受到众多创业者有关工艺和销售渠道的指导。④J 是指以"景漂"成长为目标（Jingpiao-oriented）。12 名"景漂"是创业共同体中的主力成员，"景漂"创业共同体正是以提高这些"景漂"的创业环境质量为目标。总之，"景漂"创业共同体是以"景漂"创业项目为中介，以政府、院校、研究者等的资源及情感支持为支点，以提高"景漂"创业环境质量为目标的"景漂"创业发展共同体。

　　如图 1-1 所示, "景漂" 创业共同体的成员由内而外可分为三个层次:
12 名 "景漂"、高等教育机构和景德镇市政府。其中, 最内圈的 12 名 "景
漂" 是研究的跟踪对象。为了保护研究参与者的隐私以及表述上的简洁, 本
书中分别用 J1~J12 的代号表示 12 位 "景漂"; 用 R1 代指景德镇陶瓷大学;
用 A1 表示共同体中的景德镇市政府; 用 C1 表示该共同体的协调人, 即研究
者本人。

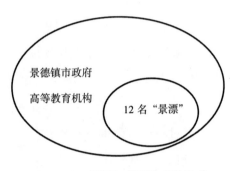

图 1-1　　"景漂" 共同体成员组成

　　具体而言, "景漂" 并非是完全自下而上的自发的创业型组织, 而是受
到了政府政策的辅助性支持。景德镇市政府给予 12 位 "景漂" 一定的创业
资金支持, 并且通过参与启动会、报告会以及非正式的交流活动全力支持共
同体的各项活动。每位 "景漂" 参与者都有自己的创业经历, 这是一个贯穿
始终的学习任务。围绕着这些创业经历, 创业共同体中的 "景漂" 进行专题
研讨, 进行面对面交流或者网络交流。

1.1.2　研究参与者

　　本书采用目的性抽样的方法 (Purposeful Sampling) 选择研究参与者 (研
究对象), 目的性抽样是指在确定研究对象时, 寻找能够为研究目的提供最
多信息的人员。如前文所述, 经过一定程序的选择, 最终 12 名 "景漂" 被

确定为景德镇"景漂"创业共同体的核心成员。这些"景漂"在年龄、漂龄、籍贯、学历和创业方向等方面都有一定的差别，保证了本案例研究虽是小样本但包含较大变异的选择标准。本书之所以采用上述方法选择研究参与者，是因为旨在对每个案例进行深度描写，并进行跨案例比较，使本书的研究能够体现更多的现实意义。12 名"景漂"既是共同体的核心成员，也是本书观察和跟踪的对象。这些研究参与者的基本信息如表1-1 所示。

表 1-1 "景漂"从业者基本信息

编号	性别	年龄（岁）	漂龄（年）	籍贯	学历	专业	创业方向
J1	男	28	6	山东	专科	陶瓷设计	商品制作
J2	男	28	5	安徽	本科	装潢设计	艺术创作
J3	男	29	5	河北	本科	陶瓷设计	商品制作与艺术创作
J4	男	29	8	甘肃	专科	陶瓷设计	教学与艺术创作
J5	男	23	2	辽宁	专科	动漫设计	商品制作与艺术创作
J6	男	29	7	青海	本科	陶瓷设计	艺术创作
J7	男	27	6	贵州	专科	陶瓷设计	创业中断
J8	女	30	7	河北	本科	绘画	商品制作
J9	男	40	20	江西	高中	无	商品制作
J10	男	29	13	江西	中专	绘画	艺术创作
J11	男	29	5	陕西	本科	陶瓷设计	商品制作与艺术创作
J12	女	27	4	广东	本科	美术教育	商品制作与艺术创作

由表1-1 可知，参与研究的"景漂"多数是创业发展中期的中青年，他们都有一定漂龄（2~20 年，平均7.4 年），创业经验比较丰富。然而与漂龄相对，参与研究的"景漂"总体学历不高（本科及以上为50%，专科为33%，专科以下为17%），专业基础不强。在专业方向方面，大部分"景漂"的专业为陶瓷设计或绘画类，只有少部分"景漂"的专业是动漫设计、装潢

等不相干专业或是未受过高等教育，说明这些"景漂"在学生时代的专业与目前的创业内容相关度较低。在性别结构方面，这些"景漂"大部分是男性，男性"景漂"在创业阶段一般能够不怕艰辛、吃苦耐劳，这是他们在景德镇创业活动中的共同特性。总之，这12位研究参与者既是新生代"景漂"，也是处于创业发展"瓶颈"期的普通"景漂"。

1.1.3 创业共同体活动

共同体的具体学习活动是根据前文所述的初步调研结果，并且与12位"景漂"反复商讨后确定的。"景漂"共同体在筹备阶段，曾对本校"景漂"创业发展的现状和需求做了初步调研。调研结果显示，展示平台是他们创业过程中的主要"瓶颈"，同时生活压力也相伴相随。针对"景漂"所处的困境与"景漂"本人的创业意愿，共同体确定了活动计划以及相关的资金资助办法。共同体的活动主要围绕"创业商讨""平台展示活动""在线延伸交流"三大主题，通过组织"景漂"参与各项学习与研讨，旨在实现"景漂"创业和创新的平衡发展。

在三大主题中，项目研讨是共同体最具有特色的活动，共分三个学期进行，每个学期有固定的主题。第一学期主要围绕12位"景漂"个人创业经历研究的定题（见表1-2）、文献研究和研究设计而展开自主研讨。第二学期邀请了景德镇陶瓷大学5位博硕士生导师轮流主持现场点评、共同讨论，以推进研究。第三学期12位"景漂"在全面开展个人创业的数据收集、报告写作的基础上进行进一步汇报与研讨。最后，以递交"学习档案袋"的形式，总结汇报各自的创业现状。

除了定期的项目研讨，一系列新开设的平台展示活动，包括青年"景漂"论坛、景德镇陶溪川等都是在景德镇原有的常规创业活动基础上的整合与系统化，为"景漂"提供了更多的学习交流机会，共同推进"景漂"创业共同体研究课题的开展。围绕这些活动，参与的"景漂"组成了一个关系融洽、交流密切的群体。表 1-2 是参与研究的"景漂"从业者个人创业突破汇总表。

表 1-2　"景漂"从业者个人创业突破汇总

编号	个人创业突破
J1	将瓷板画与木头相契合，赢得商机
J2	综合新、粉彩装饰瓷器的画面构图，形成柴烧的高端艺术陶瓷
J3	不再依赖师傅的带领，迈向自己的艺术创作
J4	创建自己的绘画教学工作室
J5	半路出家，敢于尝试
J6	多次尝试后发现颜色釉新的表现方式
J7	手工技艺纯熟，但中止了创业
J8	敢于追求兴趣，工厂越做越大
J9	拜师学得好手艺，并开创了自己的事业
J10	坚持自己的艺术创作，厚积薄发
J11	经过艰难抉择，寻找到了自身创作的价值
J12	一直坚持在艺术创作的道路上

1.2　数据收集

本书采用多种方法收集数据。研究者作为该共同体的协调人，与共同体的 12 名"景漂"一起参加各类学习、创业活动，因此得以作为参与观察者对 12 位"景漂"从业者开展为期一年半（2017 年 3 月到 2018 年 9 月）的个案跟踪研究，通过撰写观察记录、深度访谈、概念导图、故事线以及参与者提供的案例素材来收集数据。研究问题与数据收集方式的对应关系如表 1-3 所示。

表1-3　研究问题与数据收集矩阵

序号	数据收集方式	研究问题		
		创业过程	创业结果	影响因素
1	期初访谈		X	X
2	期末访谈	X	X	X
3	研讨会录音	x	x	X
4	网络或电话聊天记录	x	x	x
5	研究者观察日志	x	x	x
6	概念导图		x	
7	故事线	x	x	
8	参与者反思日志	X	X	x
9	参与者学习档案	x	x	x

注：大"X"表示主要数据，小"x"表示辅助数据，空白表示没有相关数据。

由表1-3可见，本书主要有九项数据来源，可归为三类：深度访谈、观察数据和案例素材。其中，深度访谈包括期初访谈和期末访谈；观察数据包括来自于研讨会录音的正式观察数据，以及来自于其他途径的非正式观察数据。如表1-3所列，观察数据共包含第3~7这五项内容，除了研讨会录音，还有参与"景漂"平时以创业和创新为话题的聊天记录、研究者观察日志以及新开发的概念导图、故事线等工具辅助收集的观察数据。案例素材主要是参与者反思日志以及参与"景漂"以学习档案袋形式分享的个人创业研究项目相关材料。这九项数据来源与三个研究问题分别对应，而本书正是通过这样的多元数据从多角度对"景漂"学习进行全面的跟踪。

1.2.1　深度访谈

深度访谈是本书数据收集的重要方式。由于12名"景漂"通过各种途径相互频繁交流，这使得一些重要内容无法仅通过研究者的参与观察直接获得，因此研究者在跟踪研究期间对每位参与"景漂"做了深度访谈。访谈主要是为了了解参与"景漂"的基本信息以及创业经历,收集与"景漂"在共同体中创业和创新经历密切相关的数据。本书所采用的深度访谈具有叙事特色,主要通过具有叙事特色的开放性问题来聆听"景漂"讲述创业过程中的真实经历。每次访谈约 60 分钟,合计总时长为 19 小时 52 分钟 39 秒,转写的文字稿为 187745 字(见表 1-4)。

表 1-4 访谈数据统计

编号	录音时长(访谈合计)	转录字数
J1	92 分钟 33 秒	12441 字
J2	49 分钟 12 秒	4156 字
J3	118 分钟 17 秒	22758 字
J4	103 分钟 9 秒	13446 字
J5	85 分钟 34 秒	10760 字
J6	93 分钟 9 秒	12067 字
J7	53 分钟 31 秒	8745 字
J8	106 分钟 52 秒	16384 字
J9	138 分钟 37 秒	22217 字
J10	168 分钟 22 秒	35436 字
J11	104 分钟 51 秒	18616 字
J12	78 分钟 32 秒	10719 字
总计	19 小时 52 分钟 39 秒	187745 字

期初访谈在"景漂"参加共同体之初进行。期初访谈主要围绕三个方面:①"景漂"从业者基本信息,包括个人基本信息、教育背景、获奖情况等;②"景漂"从业者一般创业经历和创新经历;③"景漂"从业者参加"景漂"创业共同体的原因,包括期望与目标等。期初访谈在获得"景漂"从业者的许可后进行录音,录音转录文字后再交由被访者核对确认。

笔者对共同体"景漂"的跟踪研究历时一年半。在共同体启动一年半后，对 12 位研究参与者再次进行了深度访谈。这次期末访谈主要为了解参与者在创业过程中的收获，倾听 "景漂" 从业者对自身成长的看法与感受。期末访谈主要围绕五大问题：① "景漂" 参加共同体的持续动力来源；② "景漂" 在共同体中与他人的合作经历；③ "景漂" 对其个人创业创新的具体体验；④ "景漂" 在共同体中最关键的创业创新和情感经历；⑤ "景漂" 未来的创业目标和规划。通过设计一些具有叙事特色的开放性问题，笔者真诚地倾听参与者的心声，收集丰富、详尽、可分析的质性资料。

1.2.2　参与式观察

为了对 "景漂" 在共同体中的学习进行全面、详尽的描述，本书运用参与式观察法开展案例研究。在共同体成立之初，笔者就直接以 "公开" 的方式，直接参与共同体的所有活动，以局内人的身份角色开展研究，观察和体验 12 位 "景漂" 从业者的创业发展经历。在参与观察的同时，运用访谈、查找文献和其他方法收集资料，并且在 "现场经验和观察的基础上对所研究的问题进行不断的修正"。本书中的参与式观察包括在专题研讨会中的正式观察和在日常交流中的非正式观察。

1.2.2.1　正式观察

正式观察是指表 1-3 中的第 3 项内容。研讨会录音是指在参与 "景漂" 的许可下，用便携式录音笔对共同体的专题研讨会进行现场录音（共 12 次）。研讨会录音全部转录为文字后直接用于编码。在转录文字时，研究者当日撰写 "接触摘要单"，用意是对资料做第一轮的简化工作，记录当日田野调查时接触的焦点问题或主要问题，是将短时间内的资料基于研究需求做成摘要的质性数据精简工具，有益于进一步的资料分析。

1.2.2.2　非正式观察

另一类非正式观察包括表 1-3 中第 4 至 7 项的内容。非正式观察数据实际是对"景漂"参与各类"平台展示活动"中的行为与言语的零星记录。例如，研究者在"景漂"参加景德镇陶溪川、明清园产品展示活动时做现场笔记，并且在活动后撰写研究者观察日志。研究者的观察笔记还包括在这些活动中或者活动刚结束时，研究者与"景漂"及时进行简短交流的记录。在与"景漂"日常接触后，研究者当天撰写研究者观察日志，并给日志"标注标题""撰写摘要""归类整理"，最后将不同"景漂"的数据归入不同的文件资料袋。此外，电话以及微信交流也成为研究者获得非正式观察性资料的途径。电话交流是指在被访者的许可下通过电话录音并随后转录为文字，微信交流则是通过微信软件自动保存后转存在 Word 文档中保存。上述资料与访谈资料一并进行编码分析。

1.2.3 概念导图

本书在期初和期末共分两次收集概念导图数据。通过前后概念导图的比较，辅助回答研究问题二："景漂"的变化与发展。概念导图或称思维导图，能够采集"景漂"对自我看法的相关数据。概念导图一般由一系列概念词和连线或箭头组成。中心主题可以是一个概念，也可以是一个问题，概念或问题之前有一小段说明文字用于解释中心问题。本书中所采用的概念导图旨在让"景漂"通过概念导图的形式来描述他们以陶瓷为核心的创业过程。概念导图由同一个中心问题出发：景德镇的创业经历对你意味着什么？"景漂"依据这一中心问题，画出下属的概念，并进一步细分。"景漂"在项目前将"景漂"的创业过程图景分为"景漂""学习者""展示平台""创新灵感"四大下属概念；在项目后将同样的中心问题划分为"创业""创新""自我发展"三大下属概念，呈现出一定的变化。概念导图作为一个新开发的辅助研究工具，在本书中用以捕捉"景漂"在观念上的变化。

1.2.4　故事线

故事线是通过"景漂"从业者对自己的创业经历进行分类和评估，研究者以绘制故事线折线图的方式可视化地呈现"景漂"创业的过程。故事线方法往往与访谈结合使用，因为当"景漂"讲述故事的同时，"景漂"也在对故事进行评估。本书的具体操作方法是在访谈结束之时，邀请参与"景漂"用具体的分值对自己的创业经历进行评估。

首先，笔者向每位参与"景漂"详细介绍故事线方法的目的，并告知打分规则，让参与"景漂"在包括创业初衷、适应能力、创新能力以及创业前景在内的四个维度上给自己的创业素质打分；而每个维度又各设四个阶段，分别是"景漂"参加共同体之前、共同体第一个学期、共同体第二个学期和共同体第三个学期这四个阶段。这样从每位"景漂"获得 16（4×4＝16）项分值。其次，有关打分的标准，本书参考 Henze（2009）在研究中采用的具体方法，让"景漂"用李克特量表的 5 分制对自己进行评估。其中，5 分代表好，4 分代表较好，3 分代表一般，2 分代表较差，1 分代表很差。最后，研究者将各位"景漂"的纸质打分表收回并输入电脑，通过 Excel 2007 的插入折线图功能，绘制故事线折线图来呈现数据结果。

1.2.5　案例素材

本书还收集了丰富的案例素材，有关个人创业过程研究的素材都由研究者对参与"景漂"自行访谈形式获得。案例素材成为本书的补充数据，研究者用多元的数据进行三角互证，用以回答三个研究问题。

1.3 数据整理与分析

1.3.1 数据整理

本书从最开始的数据整理到后期的数据分析，是一个持续不断的过程（Miles and Huberman，2008）。数据整理是指对原始数据的初步归类与分析，包括以下三类工作：

第一，原始录音资料的转录。将访谈、专题研讨以及电话交流的录音用逐字逐句转录文字的方法录入电脑，存储为 Word 文档。

第二，将"景漂"所完成的概念导图录入电脑，也储存为 Word 文档，并标注参与者代号、时间等。

第三，将微信聊天记录通过微信软件导出功能转成 Word 文档，并标注"景漂"代号、聊天主题及发生日期、具体时间段。

1.3.2 数据分析

数据分析是指对整理过的数据，包括访谈数据、观察数据和其他案例素材等，进行反复阅读并提炼意义。对这些原材料的分析主要分以下三个步骤进行：①撰写"景漂"背景故事和创业故事；②建立初始编码清单；③开放式编码、聚类分析与主题分析。

（1）故事撰写。

将资料故事化是为了简化数据，而富有情境性的故事是叙事研究的基本数据，也是体现"景漂"视角的重要素材，因而数据分析的第一步是撰

写 "景漂" 学习故事、背景故事和创业故事。首先，对每位参与者的各类材料进行反复阅读，在高度熟悉这些数据的基础上，初步划分大的类别，如 "创业故事" "学习故事" "背景故事" 等。其次，提取数据中浮现的 "关键事件" (Angelides，2001) 用以撰写 "景漂" 成长故事。再次，在撰写故事的过程中，研究者尽量保留 "景漂" 的原词原句，通过添加一些衔接词将主要内容按照叙事顺序连接成完整的叙事语篇。最后，将这些故事交由参与 "景漂" 核实，经当面讨论后依据 "景漂" 的反馈意见再进一步修正和完善。

（2）建立初始编码清单。

数据分析的第二步是建立初始编码清单（见表1-5）。初始编码清单的基础是本书的分析框架（见表1-3），换言之，初始编码清单由分析框架结合初步的实际编码整合而来。初始编码清单在实际编码中被拿来试用与反复修改，目的是将研究问题或分析框架（见表1-3）"与数据资料直接连接在一起"（Miles and Huberman，2008）。在此需要说明的是，本书称为初始编码清单而不是一般所称的初始代码清单，是因为本书借助了 Nvivo 9.0 质性数据分析软件，在该软件中直接使用了概念词，而不是用数字或者字母代码。

如表1-5所示，这张编码清单的基础是第1章结尾建立的分析框架（见表1-3），共分为三个层次。第一个层次称为范畴，依次是：①创业过程；②创业结果；③影响因素。第二个层次称为类别，在这张初始编码清单中共有16个类别。第三个层次为次类别，次类别是结合文献与对数据的尝试性的编码而建立的，在表1-5中共有40个次类别。

（3）开放式编码、聚类分析与主题分析。

在确定了初始编码清单后，对可编码的原材料进行逐行编码，这一分析工作也称为开放式编码。本书研究的数据庞大，因此借助计算机辅助软件 Nvivo 9.0 进行质性资料的管理及编码分析。澳洲 QSR 公司推出的 Nvivo 系列质性数据分析软件已成为国际主流的质性分析软件，Nvivo 的运用能够大大提

表 1-5 初始编码清单

范畴	维度	类别	次类别
创业过程	创业心理调节过程	个体与群体互动的计划	任务分析 动机信念
		个体与群体互动的控制	控制 观察
		个体与群体互动的评估	评估 反应
	三维对话互动过程	认知性对话	实践体验 困难外化
		社会性对话	情感互动 资源互动
		反思性对话	自我评价 知识内化
创业结果	创业动机	动机导向	兴趣导向 学习导向 目标导向
		动机持续性	由强转弱 由弱转强 持续较强 持续较弱
	创业素质	创业心态	创业意识 创业兴趣 创业信心与意志
		创业知识与技能	创业方法 思维方式 创新能力
		创业实践	积极开展 消极停滞
	身份认同	对自我的看法	创作者 创意者
		对创业的看法	创业观 创新观 发展观

续表

范畴	维度	类别	次类别
影响因素	促进因素/阻碍因素	个人特质	创业基础 创业发展阶段 家庭环境 性格特点
		产品特点	难度 价值
		人际关系	密切 疏远

资料来源：金琳. 学习共同体中教师研究者成长案例研究 ［D］. 苏州大学博士学位论文，2016.

高研究效率，有助于笔者在浩渺的文字中快速筛选资料而辅助思考。在软件 Nvivo 9.0 中，笔者逐行阅读原始数据，选中有意义的词、句或段落，并对其编码。

聚类分析是指参照初始编码清单，将开放式编码通过意义聚类，再以 "创业方法""思维方式""创新能力""发现问题能力""解决问题能力" 这五个次类别，通过意义聚类而归入 "科研知识与能力" 这上一层的类别。

主题分析则是聚类分析后的进一步概念合并。从开放式编码到聚类分析再到主题分析，资料依次被压缩、聚类、分类与连接（Gherardi and Turner，1987）。这整个分析的过程，就是一种抽象化的阶梯（Carney，1990），从右至左是从数据到理论框架，从左至右是从理论框架导向关键引证。主题分析结束时，研究者就获得了一个深层架构，再把资料整合后放入一个解释架构中，最终导向结论。

1.4 研究质量的控制

质性研究的结论有时会受到科学研究中必须面对的研究效度信度和推广度方面的质疑。然而，我们不应该用自然科学研究的标准来衡量不同范式下的质性研究方法，因为从一开始质性研究追求的就不是客观真理，而是对所研究对象、人和以人为核心的事物和现象的理解，是赋予他们意义和价值从而对自己、对他人有所启发。从某种意义上看，质性研究所揭示的人的认知和社会现象的意义和价值，可能触及的深度是自然科学研究手段无法成就的（陈向明，2000）。本书在信息的收集、分析，以及意义浮现方面都依赖于研究者本人的阐释，因为笔者本人就是质性研究的研究工具（陈向明，2000），这是由质性研究本身的性质所决定的。因此，为了使研究结论确实可靠，笔者主要按照质性研究的常用规范来提高研究的可靠性。

研究质量的控制在本书中主要是指对研究确实可靠性的保障以及对涉及伦理道德的关注。在研究的可靠性方面，主要通过长期观察、三角验证法或称三角互证法（Triangulation）、大量引用及翔实展示所收集的数据以及撰写研究者自我反思这四种主要方式来保证研究质量（杨鲁新等，2013）。

第一，通过长期观察来保证研究质量。本书耗时一年半，有较长的时间跨度，保证了数据收集的丰富度。笔者对收集的数据进行反复核对、反复阅读，并进行持续性的分析（Miles and Huberman，2008）。

第二，运用三角验证法进一步确保数据的可靠性。本书中的三角验证法主要指研究对象检验法，以及各类数据之间的三角互证。首先，笔者将访谈等数据转录整理完毕后，交由研究对象阅读检验。研究对象针对某些方面提出修改或者补充意见。此项研究即是通过研究对象检验法这种方式来保证收集的数据能够如实反映参与"景漂"的真实情况。其次，各类数据的三角互证是指研究者在访谈、观察和案例素材之间寻找相互支持的关系。例如，在对 J6 的期末访谈中，笔者获得"J6 认为自己对创新的理解有了质的飞跃"这一数据，而在 J6 提供的案例素材"学习档案袋"中，笔者也同样发现 J6 的产品因富有创新而收获大量订单和好评。这两种不同的数据源互为支撑，验证了这项数据内容的确实可靠性。另外，本书利用质性数据分析软件 Nvivo 9.0 的数据管理功能，对数据进行排序分类与结构化，保证了数据的完整性。

第三，通过大量引用及翔实展示所收集的数据保证了研究质量。在本书的分析与讨论部分，书中尽量多用研究参与者的本土化语言，并且辅以详细的例证来真实呈现所收集的数据。

第四，通过撰写反思日志来保证研究质量。在研究过程中和研究结束时，笔者及时撰写自我反思，以便对自己可能存在的偏见有所了解，同时也让读者有机会对研究者可能存在的偏见进行理性的判断。研究者的自我反思经整理改写后在本书第七章中呈现。这一方面有利于笔者保持清醒的头脑，对自我角色以及在数据收集和分析过程中可能发生的主观偏见有清晰的认识；另一方面也增加了研究的透明度，有利于读者根据所提供的信息进行客观的判断，从而保障研究质量。

在研究涉及的伦理道德方面，主要通过自愿参与或退出制度、隐私保护以及与参与者本人反复确认的方法保护研究参与者的权益。在本书的研究中，参与者都是在完全自愿的情况下接受跟踪研究的。研究者通过口头反复与参与者说明研究目的、方式和内容等，并且通过书面的形式向参与"景漂"告知其研究参与者的权利。研究参与者可以在任何时候提出退出跟踪。在汇报研究结果时，书内都采用代号来保护个人隐私，相关的一些具体信息也做了保密处理。本书中所引用的数据都交由参与者本人确认无误后方供研究使用。另外，研究者与被研究者在研究中建立了平等互助的关系，研究本身就是为了聆听"景漂"的心声，让"景漂"在研究中获得心灵的成长。

综上而言，本章深入探究 12 位 "景漂" 在有行政支持及研究者指导下，以陶瓷创业研究为核心的 "景漂" 创业共同体中成长为 "景漂" 研究者的学习发展过程。因此，本章重点介绍景德镇 "景漂" 创业共同体的项目背景、研究参与者和研究主要活动。为了使研究方法明晰化，本章对具体的质性数据的收集工具、收集方法及分析方法辅以一些具体例子进行了详细说明。对于如何保证质性研究的质量和研究伦理，本章最后也提出了一些具体方法。在下一章即第 2 章中，本书将以故事的形式描述 "景漂" 学习与成长的大背景，为接下来的深入分析奠定基础。

第2章

『景漂』创业的心理调节过程及其动机演化

从上一章节，我们了解到景德镇"景漂"创业共同体在创业过程中的主要"瓶颈"问题，通过多元化的数据收集方式，从多角度对"景漂"共同体中的 12 位参与者进行跟踪、收集数据并进行分析，初步了解"景漂"的基本概况，在本章中进一步对"景漂"创业心理变化进行深入分析，以求研究"景漂"在创业过程中的心理变化，从而为"景漂"创业提供更匹配的需求，为景德镇留下更多创业型人才。

2.1 "景漂"创业的心理调节过程

分析结果表明，"景漂"的创业心理主要包含三个不同阶段的调节：计划阶段的创业心理调节；控制阶段的创业心理调节；评估阶段的创业心理调节。"景漂"在创业共同体这一特定情境的激发下，具体应用六项策略进行创业心理的调节，促使自己的创业顺利进行。具体编码分析结果如表 2-1 所示。

表 2-1 "景漂"创业的心理调节过程的编码结果

维度	类别	比例（%）	次类别	材料来源	参考点
创业的心理调节过程	计划	48.65	代入策略	8	8
			群体效能策略	9	10
	控制	27.03	挪用策略	9	5
			协同策略	5	5
	评估	24.32	参照性评价策略	4	6
			适应性反应策略	3	3

由表2-1可知，"景漂"在计划阶段的心理调节最为主要（比例为48.65%），其次是在行为或意志控制阶段（比例为27.03%），最后是在评估阶段（比例为24.32%）。计划阶段的调节主要涵盖"景漂"创业动机的调节。从编码分析（见表2-1）还可得出，代入策略和群体效能策略作为两种心理调节策略是"景漂"在参与创业共同体计划阶段的主要调节手段，并且群体效能策略的作用更为普遍（参考点为10）。挪用策略和协同策略作为两种心理调节策略是"景漂"在参与创业共同体控制阶段的主要调节手段。参照性评价和适应性反应作为两种心理调节策略是"景漂"在参与创业共同体评估阶段的主要调节手段，并且参照性评价策略的作用更为显著（参考点为6）。下文将从各阶段分别分析"景漂"在创业过程中调节策略的使用情况。

2.1.1　计划阶段的代入策略和群体效能策略

"景漂"创业的心理调节过程首先体现在创业的计划阶段。数据分析表明，"景漂"在此阶段的调节策略有两类：一是代入策略。在本书中指将自己替换代入同伴的情境中而对自己能否完成创业任务进行预测的创业心理调节过程。二是群体效能策略。本书中的群体效能策略与自我效能感密切相关。自我效能感是个体对自己是否有能力实现特定任务目标所进行的推测与判断（Bandura，1997）。借鉴Bandura（1997；2000）对于自我效能感以及集体效能的解释，群体效能策略在本书中是指创业共同体中的个体"景漂"对于自我在借助团队力量的情境下，是否有能力完成特定任务目标而进行推测与判断的创业心理调节过程。这两种策略往往同时作用、相互促进，具有伴随性。

以J5的创业心理调节过程为例。J5在计划阶段，从"孤独无助"的低自我效能感创业者，通过群体效能策略与代入策略，调节为"充满力量"的高自我效能感创业者。从J5的背景故事可知，由于他"半路出家"，对创业能否成功的预测与判断都较为负面，也就是Bandura（1997）所说的自我效能感低。在参加创业共同体之前，J5 很多时候是"孤独、无助和不自信"的，"常常怀疑自己的能力，不知道下一步是否正确和可行"。他在个人总结中写道：

那时候，我没有可以商量、讨论、一起思考和分享想法的人，在我困惑和没有主意时，没有理解和指导我的人，在沮丧和颓废时更没有帮我排解的人。很多时候我是孤独、无助和不自信的，常常怀疑自己的能力，不知道走的下一步是否正确和可行。我得足够强大来战胜这一切。

然而，在创业共同体的创业专题研讨中 J5 受到了创业共同体群体氛围的感染，意识到"每个人的创业初期都不顺利""原来自己并不是那么差"，又观察到"在场的人纷纷出主意"。J5 发生了如下的心理变化：自然而然地将自己替换代入在大家帮助下已经顺利创业的"景漂"J8 的处境中，感到自己的创业思路在大家的集思广益下也能较好地开展。他总结到：

参加创业共同体后，无论是集中讨论的时候，还是成员间平时的闲聊，都无时无刻不给我启示和力量。认识到一开始的创业初期阶段，每个人的作品都不成熟。我记得 J8 当时有想法，但不知是否可行时，在场的人纷纷出主意。当时，我就对自己说，我得把我的想法拿出来，听听大家的意见，这样的资源要好好利用。我一下子就有了好好准备创业的力量。

"景漂"J5 通过观摩创业共同体中 J8 的创业活动，将自己代入 J8 的情境，在同伴榜样力量的唤醒作用下，J5 对自己预期创业成果的预测有所改善，表现为"我一下子就有了好好准备创业的力量"。这是代入策略在起到调节作用。同时，通过 J8 顺利获得创业共同体集体帮助并成功创业这一示范，J5 对整个创业共同体团队的能力有了较为积极的预测，决心将"这样的资源好好利用"。这是群体效能策略起到的调节作用。通过这两项自我创业调节策略的使用，J5 从原先较为负面的创业心理调节为较为积极的创业心理，而积极的创业心理进一步激发"景漂"对创业的内在兴趣。

在创业共同体的研讨中，J11 在创业共同体中其师傅人格魅力的感召下，摒弃了过去"为了挣钱养家"而从事创业的价值观,转向追求师傅的"魅力""气质","向往"创业共同体中师傅的"活力十足,忘我"投入创业的工作热情,期望自己成为师傅一样的创业者。J11从以往功利性的动机转变为追求个人成长的内在兴趣,因为J11意识到,创业不仅是为了赚钱:

> 我不知别人是否有我这样的想法:赚钱是功利的,确实给我向前的动力,但那是短暂的,容易让人疲劳的;而追求个人智慧和魅力的提高,是我真正向往的,可望而不可及的东西。也许我很虚无,现在我眼前就浮现师傅那种神情,看作品的专注,讲话时闪闪的眼光,浑身散发出活力。不知他平时不看作品时是否这样,但那样的形象确实很吸引我。我常常想,如果有一样东西让你活力十足,那你会觉得生活有意义了。我常常追求那种活力十足、忘我的境界,但愿创业能够给我带来这样的状态。

可见,"景漂"在计划阶段的创业心理调节,主要是个人自我动机信念方面的调节。这样的调节过程主要受到创业共同体环境中"他人"的影响,通过群体效能策略和代入策略而实现。

2.1.2 控制阶段的挪用策略和协同策略

"景漂"创业的心理调节过程其次体现在创业的控制阶段。控制阶段的调节分为意志的调节和行为的调节。意志或行为的控制尽管是一个抽象的心理过程,但是可通过一些外部的认知工具辅助调节。数据分析表明,在创业共同体环境中,"景漂"在此阶段的创业调节策略有两类:挪用策略和协同策略。挪用策略在本书中指仿照他人的创业方法或他人的创业工具,将之挪来为己所用的创业心理调节过程;协同策略是指遵守创业共同体的规范而努力将自己的行为与创业共同体其他成员的行为协调一致的创业心理调节过程。挪用策略与协同策略有相似性,都是指在意志或行为控制上与他人一致。本节以"景漂"J8、J4和J10的经历为例,阐述这两种策略在调节过程中如何发挥作用。例如,J8通过挪用策略的使用,改善了意志控制。如下例对话中所呈现的，J8 将他人的创业工具（烘干机、窑炉）挪来己用而改善了注意力集中程度，消除了创业障碍。

J8 称她"一直在集市上看，但就是不知道应该做什么，方向很模糊"。这是意志控制产生了障碍，无法集中注意力。这种心理困境，靠"景漂"个人自我调节很难打破，而同伴的间接经验提示了 J8：创业共同体中分享的创业经验能够帮助其将注意力集中。创业经验能够将创业者的注意力导向市场中最重要的事项，帮助创业者筛选信息，进而防止"景漂"过度联想而导致注意力涣散，从而达到高效创业的目的。于是，J8 通过使用挪用策略，仿照同伴的创业过程，集中精力设计自己的创业产品，然后利用创业共同体中他人的工具进行上釉料、烧制等，利用创业共同体这个平台开始了自己的创业活动。在完成个人的创业作品之后，J8 的创业心理获得改善，由原先的高度焦虑（"焦虑极了"）转变为进取心态，认为自己"已经有所进步了"。

又如，J4 在创作经验方面的不足阻碍了其创业活动的顺利开展。然而，他成功挪用了其他成员通过"先创后改"的创业方法而完成创业作品的间接经验。由于瓷器能够给"景漂"带来实质的感受而增加成就感，而成就感会推动"景漂"进一步行动，由此形成良性循环。"先创后改"是创业共同体其他成员总结的创业经验。J4 在"挪用"了该创业方法之后，完成了创业作品的创作。这是挪用策略发挥了作用，改善了"景漂"创业过程中的意志控制。

再如，J10 通过协同策略，改善了创业过程中的行为控制，如 J10 在反思日志中写道：

有压力就有动力，创业共同体的活动机制迫使我养成每周查找资料、设计和修改作品的习惯。我反思了我的作品思路，发现问题很多，因此做了两个版本作品设计思路让创业共同体"景漂"帮助我分析评判。今天得到的最大收获是听一次研讨，可以达到事半功倍的效果。(J10-创业日志-2022-07-12)

上例可见，有了创业作品但一直放着，说明"景漂"J10对自我行为的控制不够。之后J10"做了两个版本作品设计思路"又表明J10原本存在的创业需求被创业共同体的规范所激发。可见，J10由原先创业需求和行为控制之间存在差异，通过创业共同体默认的规范而得到调节，最终达到创业需求与行为的协同一致。创业共同体作为一个正式组织有一定的成员规则，"景漂"作为创业共同体的成员都默认创业专题研讨会这一规则。这种对规则的心理默认形成一种无形的驱动力量，推进J10的个人行为与共同体其他成员的协调一致。J10"翻出作品""参加研讨""进一步修改"，都是J10通过协同策略的使用而有效地完成任务。

上述分析表明，创业的行为或意志控制不仅是一个抽象的心理过程，还可以通过某些外部的认知工具来进行外部调节。事实上，对于处于创业困境中的"景漂"们而言，顺利开展创业活动的困难程度已经远远超过"景漂"个人调节的范围，因此需要依赖外部力量的调节。

2.1.3 评估阶段的参照性评价策略和适应性反应策略

"景漂"创业的心理调节过程体现在创业的评估阶段。数据分析表明，"景漂"在此阶段的创业调节策略主要包括两类：一是参照性评价策略。在本书中指寻找到新的参照对象而导向对自我能力重新评价的创业心理调节过程。二是适应性反应策略。适应与防御相对，防御指被动的自我保护与逃避，适应指主动适应环境。因此，适应性反应策略表示主动调整自我适应环境的创业心理调节过程。参照性评价策略和适应性反应具有因果关联性，往往由参照性评价而引起适应性反应。创业共同体的"景漂"，以往常常将创业上的无成果归结为自己能力差等个人原因，产生羞愧内疚等情绪。与之对照的是，创业共同体中的交流互动，让"景漂"寻找到新的参照对象，导向对自我能力的重新评价和对成败的重新归因。通过参照性评价，一些"景漂"原先评价自己一无是处，之后逐渐发现自己"还是可以做一些事情的"；原先将所有原因归结为比别人能力差，产生自卑等情绪困扰，之后将原因归结为"是创业本身难度大，而不是自己差"，从而摆脱了原先的阻碍情绪。例如，"景漂" J5 在与"景漂" J4 交流后，将自己的处境与 J4 的处境相参照：

> 平时闲聊的时候我们都会抱怨一番，表达自己无助的一面。我记得 J4 在我面前说过两次，尽管我也没有有力的建议帮他解决，但我当时也表达了同样不知如何是好的感觉，我觉得这样多少也许能消除他的无助情绪。因为当他向我表达这样的情绪时，我反而一下子觉得自己不是那样差了，其实有很多人和你一样有这样的无助和困惑之情，这是正常的情绪。参加创业共同体后，我就再也不会为这样的情绪左右了。

J5 通过这样的参照性评价使自我评价获得改善，由原先对自我创业负面的评价转向中性的评价（"不是那样差"），对自己的情绪也重新评价为"正常的情绪"。

再如，J6 通过创业共同体的交流，改变了原先对自己的消极评价：你毕竟做了努力，做出这个东西来了，我觉得自己还是可以做一点的，不是完全不行。

J6 原先以市场认可度的标准评价自己的创业能力。然而，在创业共同体的支持性体系中，"做了努力"或"做出东西"同样能获得认可。参照这种新的评价标准，J6 认为自己"还是可以做一点的"，改善了自我评价。在创业共同体中，"景漂"的参照性评价策略进而导向"景漂"的适应性反应策略。例如，J4 原先对自我评价较为消极，"内心深处有一种怕难的情绪"：

> 对所做的事情没有信心，心里总是怀疑：能做出来吗？我能做吗？我怎么基础那么差，什么都不知道啊！

于是 J4 通过各种途径来"拖延""逃避"艺术创作，对于艺术创作有一种防御的心理机制：貌似要做创新了，在电脑上找资料、买书，乐此不疲。J4 永远在做这些辅助工作，心里念叨着，磨刀不误砍柴工，时间就花在这个上边了，却没有把时间花在核心的艺术创作研究上。

J4 在"电脑上找资料""买书"等辅助性工作上过度耗费精力显示出其创业的矛盾心理：既想开展艺术创作活动，但又害怕切入正题。这样的心理状态阻碍了 J4 的创业。在随后创业共同体的交流活动中，J4 改变了原来以创新作为标准对自身艺术创作能力进行评价的思维，转而将自己现有的创作能力视为"正常标准"，并且以此为参照，将创业活动评价为"这件事情本身很难"。导致这一思维转变的外因是 J4 在创业共同体中体验到"大家容易大家难"的现象，得出"并不是自己特别差"的重新评价，进而产生了适应性反应策略，意识到通过调整自己，创业这条路"是能够走通的"，他感悟到：

我发现大家都不容易，大家都挺难。创业本身就是一件很难很难的事情，并不是我特别差，而是这件事情本身很难。有一些人呢，比我做得好一点，说明这条路是能够走通的。别人取得了成果感觉我也看到了希望。（J4-创业访谈-2022-07-16）

在上例中，共同体中他人的相似经历，令 J4 理解"创业的本质决定了创业是不会有立竿见影的成果的，否则创业就不足为奇了"。J4 领悟到，"创业就是花了很多时间，却看不到明显的进步，但实际上已经在进步。回头看才会发现，因为这种进步很微小，和学生学习是一样的道理"，这表明了 J4 转变了负面的自我评价，逐步适应创业的"慢节奏"。"别人取得了成功，感觉自己也看到了希望"则显示 J4 面对自己艺术创作的现状，希望调整自己以适应环境，这是一种积极适应性的反应。

2.2　"景漂"三维对话

倘若说上文对"景漂"创业心理调节的关注，仍然主要涉及"景漂"个人心理层面的创业，那么下文将对"景漂"在创业共同体中的对话进行分析，关注"景漂"创业的社会互动层面。借助佐藤学（2004）提出的三维对话学习理论，考察"景漂"在创业共同体中的社会创业过程。在"景漂"创业共同体中，"景漂"创业的社会互动主要由"景漂"与自我、与项目、与他人的三维对话机制实现。

2.2.1　三维对话机制

从编码分析可知，"景漂"在创业共同体中与项目、与他人、与自我的三维对话，在创业共同体中具体表现为"景漂"与"艺术创作项目"的知识性对话、与"师傅、同伴"的沟通性对话，以及与"自我"的反思性对话三个维度。有关"景漂"三维对话的编码结果如表2-2所示。

表2-2　"景漂"三维对话互动过程的编码结果

维度	类别	比例（%）	次类别	材料来源	参考点
三维对话互动过程	知识性对话	48.65	实践体验	9	9
			困难外化	9	7
	沟通性对话	27.03	情感互动	8	23
			资源互动	5	6
	反思性对话	24.32	自我评价	4	5
			知识内化	3	5

如表2-2所示，"景漂"在创业共同体中与项目的对话，表现为通过实践体验将创意困难外化；"景漂"在创业共同体中与他人的对话，表现为受到师傅、同伴的"鼓励""安慰""督促"等情感支持，以及"提供建议"或"共享工具"等物质或非物质的资源支持。"景漂"在创业共同体中与自我的对话，表现为将在沟通对话中取得的新的感悟通过反思融入自我内部，最终将知识内化。其中，知识性对话的比例最高（48.65%），表明"景漂"

通过交流获益最多的是艺术创作思路；沟通性对话次之（27.03%），反思性对话略低（24.32%）。这些数据表明"景漂"对师傅、同伴等的外部支持的依赖性高于对个人自我的独立反思的依赖程度。

然而，"景漂"在创业共同体中的三维对话呈现一定的差异性，并非所有"景漂"都能顺利通过三维对话实现创业成长。下文以"景漂"J6、J2、J4 平衡的三维对话和"景漂"J8 不平衡的三维对话为例，报告"景漂"在创业共同体中的社会互动创业情况。

2.2.2 平衡的三维对话

由 J6 的背景与成长故事可知，J6 在创业共同体中的创业成长特征为：积极地参与、主动地初步成长。J6 认为自己是"在创业共同体中受益最多的人"，尤其是有创业研究者现场指导的专题研讨会对他艺术创作能力的提高帮助最大。下面两则对话片段呈现了 J6 与创业项目（客体）的对话，与师傅（他人）的对话，以及与自己的对话（自我反思）。J6 首次陈述自己个人艺术创作思路设计时与师傅展开的对话片段。J6 从日常创业实践中获得的灵感出发，以其在创业共同体中的艺术创作发展思路为切入点。为此，他进行了无数次的尝试，沉下心来学习，终于成功烧制出了阳壶，然而，景德镇市面上的瓷器有成百上千种，这种阳壶也是遍布大街小巷，如何能体现自己的优势，顺利创业呢？J6 没有十足的把握，因此急切地期望得到师傅的指点：

J6："我现在已经学会了手艺，可以独立完成阳壶了，我的专长在于画画，现在也有了制瓷手艺，后期我的创业之路应该如何走？"

师傅："现在陶瓷市场上光有手艺还不够，那些原材料质量也都差不了多少，就算有好的创意那也只是一时的流行，还会被市场跟风，走不长远的。唯一能让你的作品富有灵魂，让别人难以模仿甚至难以超越的办法就是在釉料上下功夫。将你的专长与现在的手艺结合起来，何不大胆尝试看看釉料能否烧出水墨画的效果。"

J6："颜色釉的厚薄、窑温高低、钙釉的软硬及青花料发色的色相等，均可影响作品的优劣，更何况还要把釉料烧出水墨画的效果，之前既没见过类似的作品，也没听说过有谁尝试过。我害怕自己的这个选择很有可能就是个错误，之前一直潜心研究手艺，没怎么把赚钱放在心上，如果这个想法不成功，人力、时间、金钱都将面临很大的压力。"

师傅："这是一个漫长的过程，不要浮躁，静下心来，你会看到成果的。"

J6："嗯，我会继续坚持下去。"

在上述对话中，J6与自己的创业项目展开对话。该过程中，他不断地去尝试，查阅了很多资料，这是一种知识性对话过程。因为在查阅资料、进行无数次的烧制后，J6很快发现自己创作实践中的漏洞，即对"釉料烧出水墨画的效果"的认识模糊不清。显然，由于相关创业知识的缺乏，J6仅靠同客体的对话不能实现创业目标。因此，借助创业共同体这一三维对话空间，J6进入第二维度：与师傅这一"他人"的沟通性对话。在上述研讨片段中，J6与师傅的一问一答，形成了巴赫金所说的对话性关系。J6所提出的关于"创业之路如何走?"，成为双方沟通的焦点。在这个对话关系中，J6通过提问，师傅通过回答，双方共同探寻"艺术创作"的意义。首先，师傅对J6掌握了手艺，就能顺利创业的问题既没有完全反对也没有完全认可，而是鼓励他在"釉料上下功夫"。其次，师傅又肯定了J6大胆的探索，顺势鼓励J6沉下心来坚持艺术创作，而J6通过与师傅对话意识到自己的欠缺，引发了下一步的思考。分析表明，由于创业经验的差异，J6与师傅双方对于"创业方向"的理解有很大差异，通过互相将自己的理解外化表达，实现了不同思维的碰撞，引发了更多思考。该对话过程将J6原本个人单独追求意义的过程转变成有师傅引领的认知调节和深化过程。由一个问题衍生出一系列问题，意义也就借助这种双向沟通不断发生变化，促进了知识在创业共同体中的流动。最后，知识的内化还依赖于J6第三个维度的对话：与自我的反思对话。具体发生在上述与师傅的对话之后，J6反思了自己的创业过程：

今天我在看釉料配方的时候，我突然觉得自己有了新的艺术创作的思路了。我的作品要有创新度，我要将自己的专长发挥在陶瓷上，这不就是做艺术创作吗？

从上述反思日志可知，J6意识到无论是"釉料配方研究"还是其他艺术创作，"创新思维"对创业都很重要。这种顿悟促进了J6釉料创新思维的养成。通过自我反思，J6将新的知识融入自己原来的知识体系，实现了反思性对话帮助知识内化的目的。

同样由"景漂"创业背景与成长故事可知，J3在创业共同体中的学习成长特征为：中立的参与态度与主动的初步成长。J3一毕业就选择跟师傅学艺，专注于艺术创作，无精力进行产品推销。在艺术创作上遇到了"瓶颈"后，他感到自己的创业思路很不成熟，在计划阶段无法开展创业活动，只是通过创业共同体中大家的集思广益，才"有了一点感觉""希望通过持续创作实现自己的价值"。特别是J3在创业共同体群体氛围的感染下（"有同伴和师傅很幸福"），发生了创业方向上的转型（"转向艺术创作研究"）。同时，他大量查阅书籍资料，提升自己的艺术创作思路。

J3查找资料的活动，可以看做J3与创业进行的知识性对话。J3通过阅读书籍对自己的创业背景有所了解，获得了相关知识，但同时也暴露了J3无法聚焦创业作品的问题。由于创业所必须具备的逻辑聚焦能力的不足，在现阶段J3无法通过个人的思维努力突破思维障碍，因此J3仅靠同客体的单一维度的对话无法实现下一步的学习目标。

在查找资料之后，J3带着他的种种困惑，进入创业共同体的对话空间，展开第二维度的沟通性对话：

J3：我这次的讨论是围绕我的创业目的问题来展开的：一是创业能否提高我的自我效能感；二是怎样才能提高在创业过程中的自我效能感。

师傅：怎样才能发展不是你的创业问题，怎样提高是你创业后得出结果后的启示。

J3：对，我这里表达的"是否"，其实刚才讲的时候也犹豫了。

师傅：创业不仅是追求市场的消化程度，也要关注创业自身的长远发展，你要多查阅资料了解清楚陶瓷的历史与文化，摸清创业思路，才能分清自我效能感的类别。

J3：对。

师傅：自我效能感的具体类别是什么？你现在没有，就得分出来。

J3：哦，是这样子的。我还想问一下，我这个创业目的只是关于自我效能感，是不是还应该研究自我效能感与创业发展的关系？

师傅：自我效能感提高肯定会促进创业能力的提高，但那是另外一个话题了。如果两样都兼顾，你的创业就没有中心了。一个创业只能突出一个中心。我发现你的创业思路有好多东西都非常好，但需要聚焦。

上述对话片段中，J3与师傅进行了一系列的沟通性对话，共同找寻J3的创业思路。通过三个轮次的问和答、同意或是反驳，直至明确了J3的关键问题。首先，J3通过此前与创业的知识性对话，初步明确了自己的创业目的，因此草拟了几个创业问题，在创业共同体研讨时向师傅及同伴汇报他关于创业的困惑：一是创业能否提高自我效能感；二是怎样才能提高在创业过程中的自我效能感。其次，针对J3的两个创业问题，师傅立即做出了反驳，而J3也随即表达了自己的不确定性："其实刚才讲的时候我也犹豫了。"这第一轮的沟通对话，体现了双方的差异。J3对于创业目标的不确定与师傅对于创业思路的确凿把握形成了对比。然而，理解上的差异并不能通过简单的否定而消除，需要进一步的对话沟通。于是，为了追求对创业目标共同的理解，并寻找对话双方"共同的意义"，J3与师傅开展了下一轮对话，就创业目的进行沟通与解释："你的创业不是仅追求市场的消化程度，也要关注创业自身的长远发展。"并且提示J3要清楚陶瓷的历史与文化，分出"自我效能感"的类别。J3对于师傅的回答立即表示同意，但是提出了围绕其创业目的的第三个问题："是不是还应该研究自我效能感与创业发展的关系。"该问题与J3

最初提出的两个问题又有所不同，成为第三个新的中心，仍然体现了他对创业目标的把握不准，于是使整个对话进入了第三个轮次。在前两个对话轮次中，J3通过将自己的理解外化表达，已让师傅明确了J3的薄弱点，于是在这第三个轮次的对话中，师傅引导他认识关于创业核心的理解，"一个创业目标只能突出一个中心"，并鼓励他在创业思维方面做进一步努力。上述三个轮次的沟通对话，由J3一次次地问，师傅一遍遍地回答组成。每一次提问和回答都是对上一次问题理解的外化表达，因而每一个轮次的对话都是对上一轮次对话内容的缩小范围，逐步指向关键问题，是问题和意义逐步聚焦的过程，最终引发J3的自我反思。借助反思，J3又进入第三个维度的对话，与自我的对话，如J3所述：

在这次创业共同体活动中，师傅给我做了一番指导。我当时就意识到自己其实已经把创业目标，还有出现问题的原因是什么，以及创业为什么要专注于艺术创作说清楚了。师傅觉得我这个思路是可以的，还给予了肯定。但是，师傅对我提出的问题还是给了一个修正。研讨会之后，创业共同体的伙伴们包括J5、J4也都跟我继续交流，给了我很多建议。我感到我还需要继续了解陶瓷文化，将书画与陶瓷文化融为一体。

这样的反思是J3自我内部的对话：J3意识到自己无法聚焦是因为对陶瓷文化方面了解有点薄弱，创业目标不明确。尤其是师傅R1在创业研讨片段的后边又提示J3："事实上我们绝大多数创业者就是要注重对目前市场的观察，或者对市场的跟踪了解。除了自我效能感的体现以外，你自身对整个陶瓷的文化发展也要清楚。"这些都使J3意识到，创业不仅要关注实践层面，还要借助文化理论来促进实践，因此决定"继续理解陶瓷文化"。在该例中，一系列的对话直接促进了J3进一步地查阅资料，促使其搭建理论与实践之间的桥梁，而这正是创业者在具体创业过程中长久发展的重要要素之一。创业共同体的对话平台促进了"景漂"在反复实践中培育这项素养。

由J4的创业成长故事可知，J4在共同体中的学习成长特征为：时而积极时而消极地参与、主动地初步成长。J4 是一位一直默默努力的"景漂",他总是觉得自己"能力不够"。在创业上他做过各种尝试,然而一旦开始创业,却总是"到处挖井",不得要领;很多创业思路都半途而废,难出成果。J4坦言自己以往是"一个人在黑暗里面摸索",并且"已经想放弃了",J4 在创业的计划阶段受到了一些阻碍。但是创业共同体的外在调节作用,让他"放弃不了"。他说:

后来参加了这个创业共同体,想想又放弃不了,大家都在努力,我还是多去查阅陶瓷资料。查阅资料以后我重新明白,我之前的创业方向不太对,做得太少,实际上有太多的方法可以尝试的。

J4 通过查阅陶瓷资料这一自我与客体的知识性对话,发现了自己在陶瓷文化理解上的不足,以及视野宽度上的不足。J4 发现原来造成自己创业困惑的原因之一是"做得太少"。为了更好地获得创业成果,J4 发现有"太多的方法可以尝试",于是决定尝试接受新的作品思路。而当新作品创作遇到困难时,J4 通过与同伴的沟通性对话突破了创业的"瓶颈"。对于同伴交流的作用,他这样反思到:

创业共同体一个礼拜碰一次头,每个人都汇报展示自己的创业成果,都要有个样品。(这样的交流)还是蛮受益的、蛮实际的。(我的创业作品)大家都说:"你先做!你先做!",我想我就试试先做出来再说吧。做了我才知道这个过程性评估是怎么回事,最后也像模像样地把东西烧出来了。

同样地,J4 最终通过创业实践后的反思,实现了对"过程性评估"这一知识的内化。

2.2.3 不平衡的三维对话

数据表明,当"景漂"不能在三个维度都展开积极对话,出现某些维度上的不平衡时,创业往往无法收到良好的成效。由 J8 的创业成长故事可知,J8 在创业共同体中的创业成长特征为较为消极参与、被动地初步成长。J8 对于自己在创业共同体中的创业，有"总是游离在外边"的自我评价。虽然与同伴的交流使 J8 "很激动很激动"，但之后就"没有进一步跟进"。让 J8 印象最深的是第一次创业专题研讨发言时，大家的讨论虽然让她略感不知所措，但也令其"有所启发"。J8 的创业思路是基于研讨中对釉上彩的理解。在参加研讨会前，J8 因为不知道如何做釉上彩而十分焦虑，临时查阅了一些资料，加班加点去尝试。J8 在焦虑状态下参加了研讨会，对自己的创业缺乏明确想法，为了参加创业研讨只能临时"依葫芦画瓢"。在研讨时，J8 与两位同伴展开的对话是不完整的。尽管同伴们从各个方面给予 J8 帮助，包括分析判断、解读配方、直接建议。J8 只能"无所适从地笑"，缺乏更深入的互动，对话效果明显不佳。在创业访谈中，J8 坦言："当时很激动，但回来就又沉浸在家务事中了。"J8 由于事前没有与自己的创业思路进行充分对话，参加讨论时无法控制自己内心的焦虑（"我紧张死了"），这导致 J8 与同伴的对话没有达到应有的效果，且事后 J8 也未进行及时反思，因而使新知识的内化没有实现。与这两项对话缺席相比较，J8 与同伴的对话虽然为她的反思提供了帮助，但是与同伴交流所获得的新信息并没有得到及时利用。

2.3 "景漂"创业者创业动机的类别及其变化

在创业共同体中，创业动机的变化是"景漂"创业者变化与发展的首要体现。在整体视角的社会认知主义理论取向引导下，"景漂"创业者创业动机发生变化的原因是创业共同体环境与"景漂"创业者个体的内在心理需求互动的最终结果。因此，本书进一步分析在创业共同体中"景漂"创业者创业动机的内外互动变化，首先应该探索"景漂"创业者个体内在的动机类别，其次分析在创业共同体的环境影响下，"景漂"创业者不同创业动机类别的持续性强弱变化。

2.3.1 创业动机类别分析

表 2-3 中创业动机的编码结果显示，"景漂"创业者在创业共同体中的创业动机有四种不同类别或创业导向内容。12 位"景漂"创业者参与创业共同体的创业活动，其不同创业动机导向按照比例的高低排列分别是：同行交流（35.3%）、学习技能（33.2%）、完成目标（18.7%）和自我实现（12.8%）。

其中创业动机中的"同行交流""学习技能"类型最为明显突出。一方面表明在总体上这组的"景漂"创业者具有学习新技能的强大动力，并且呈现出勤奋好学、勇往直前的重要特征。"景漂"创业者们参加创业共同体的创业内容学习，并非出于金钱或名誉等功利性的直接目的，而是具有很强的内在创业动力。另一方面也表明该组"景漂"创业者渴望获得专业交流平台，以弥补长期缺乏专业交流的弊端，同时个体的"景漂"创业者可能同时具有不同类别的创业动机导向，具有学习导向动机类型的"景漂"创业者，可能一并具有实践导向类型的创业动机。通过本次的研究发现，创业动机导向类型有叠加的状况，这点与 Houle（1961）的理论有所差异。例如，"景漂"创业者 J6 既有学习制瓷技能的创业动机导向，也具备完成目标的创业动机导向（见表 2-3）。由此可知"景漂"创业者个人的内在动机具有一定明显的个体特征。本节将不同的创业导向类别与具体的"景漂"创业者相对应，同时深入探讨不同"景漂"创业者的个性化创业动机，由此构建"景漂"创业者不同创业动机的导向矩阵表。

表2-3 "景漂" 创业者不同创业动机的导向矩阵

"景漂" 创业者	第一组 同行交流	第二组 学习技能	第三组 自我实现	第四组 完成目标	成员小计
J1			X		1
J2	X				1
J3	X				1
J4		X			1
J5	X				1
J6		X		X	2
J7			X		1
J8			X		1
J9			X		1
J10	X				1
J11	X		X		2
J12		X		X	2
合计	5	3	5	2	15

如表2-3所示,"景漂" 参与创业共同体中创业学习的主要原因是能与其他 "景漂" 创业者进行内心需要的艺术专业交流,具体体现在第一组的5位 "景漂" 创业者(J2、J3、J5、J10、J11)中,同时结合 "景漂" 创业者的创业背景,能够知道这些 "景漂" 创业者的创业基础相对较好。如前文所述,J2拥有丰富的创业经历;J3刚刚完成制瓷技能的学习;J5自从到达景德镇一直坚持不懈地钻研工艺美术书籍和潜心尝试艺术创作;J10近年一直在为评选工艺美术师的职称而努力地从事陶瓷艺术创作实践活动;J11潜心地从事艺术创作且签约画廊。这五位 "景漂" 创业者已经掌握了一些艺术创作技能,并且拥有一定的创业经验积累,因此已经部分获得满足于学习制瓷技能的需求。紧接着,这些 "景漂" 创业者们最迫切的创业需求是在更高的专业平台上开展陶瓷艺术交流。在创业共同体中的创业动机,第二组的3位 "景漂" 创业者(J4、J6、J12)认为自身制瓷技能知识的欠缺,迫切需要学

习最新的创作方法、熟悉陶瓷艺术市场的发展动向等。由第 3 章的"景漂"创业者创业背景故事可知,J4、J6 和 J12 没有经历过系统的制瓷技艺培训,多年来以工艺品的生产为主,艺术创作只是在黑暗中摸索。第三组的 5 位"景漂"创业者(J1、J7、J8、J9、J11)参与创业共同体中的创业学习主要是在于提升自我和实现自我价值,这是一种涵盖意义比较宽泛且模糊的创业动机。事实上,这 5 位"景漂"创业者没有很明确的创业目标,J7 参加创业共同体的部分原因是"友情参与";J8 作为"景漂"创业者完全是为"带个头";J9"景漂"创业者是为"不把自己全放了";J1 一直向往"周游列国采风";J11"景漂"创业者在于"尝试新鲜事物"。第四组中 J6 和 J12"景漂"创业者同时归属于第二组,并且 J6 和 J12 出现创业动机导向的相互叠加,他们参与创业共同体中的创业学习一方面是为了学习制瓷技能,另一方面是具有明确完成某个目标的任务。J6 和 J12"景漂"创业者说过同样的话:"我有做艺术创作的心,但就是不知道怎么做才对",又明确表示"我想今年能完成一件艺术品"。这种双重的创业动机,给"景漂"创业者 J6 和 J12 远期的创业目标带来相对明确的近期创业目标,创业动机强烈且明确。由积极访谈及仔细观察获得的相关数据如表 2-4 所示。

表 2-4 不同导向的创业动机举例

第一组:同行交流
5 位"景漂"创业者(J2、J3、J5、J10、J11)专注于艺术交流
"长期一个人看书、艺术创作,非常孤独"(J2) "一直想要这样一个大家真正交流的艺术平台"(J3) "太好了,都是志同道合的人聚到一起"(J5) "我经常在艺术创作中灵感涌现,我就是需要把我的想法说给别人听听"(J10) "多年来艺术技能的学习让我在不断的创作中寻求新的灵感,并迫切想要分享"(J11)
第二组:学习技能
3 位"景漂"创业者(J4、J6、J12)专注于技能进步等

续表

"我这人水平太差，没有点子，跟在大家后边学一学工艺技能"（J4） "我有这个（艺术创作）的心，但就是不知道怎么弄"（J6） "我之前没有涉及过陶瓷绘画，在这里潜心钻研和学习"（J12）
第三组：自我实现
5位"景漂"创业者（J1、J7、J8、J9、J11）专注于提升自我、实现人生价值
"我觉得作为艺术创作者，还是要去周游列国采风"（J1） "觉得自己比较落后了，是时候我要为自己的事业方面做点努力了"（J7） "以前杂事太忙乱（没条件做），现在终于有闲心了，自己也想要了"（J8） "我就是为了内心充实，人还是要有所追求的"（J9） "技能学习的目的就是为了更好地进行艺术创作"（J11）
第四组：完成目标
2位"景漂"创业者（J6、J12）除了学习知识，还具有明确目标
"我想要完成一件艺术品的创作"（J6、J12）

通过深入的材料数据分析，"景漂"创业者所处的创业困境与参加PARJ创业共同体的不同创业动机导向有关，不同创业动机导向的"景漂"创业者们有着差异性的创业困境。

第一组"景漂"创业者主要面临缺乏陶瓷艺术交流专业平台的困境。如表2-4的内容显示，"景漂"创业者J3"一直想要这样一个大家真正交流的艺术平台"；J10"经常在艺术创作中灵感涌现"，特别需要将"创作灵感与别人交流"；J2"长期一个人看书、艺术创作，非常孤独"；J11"多年来艺术技能的学习让我在不断的创作中寻求新的灵感，并迫切想要分享"。他们迫切需要能够合作和交流的对象。

第二组"景漂"创业者主要面临缺乏成熟制瓷技艺的困境。他们深切感受到技能进步的迫切性，如J4"景漂"创业者认为自己的"技能水平差"。

第三组"景漂"创业者与上述两组"景漂"创业者具有差异性，他们对创业困境的感受并不明显。例如，J1"景漂"创业者总是向往"周游列国采风"，以提升作为艺术工作者的整体专业素质；J9"景漂"创业者参加创业共同体的创业学习是为了"自我内心的充实";J7"景漂"创业者是为了"对艺术有所追求";J11"景漂"创业者认为"技能学习的目的就是为了更好地进行艺术创作"。这类自我成长和自我价值的追求,是模糊且不确定的目标,因此,这类"景漂"创业者的创业动机最弱。

第四组的 J6 和 J12"景漂"创业者与其他三组"景漂"创业者均有不同。J6 和 J12 同样归属于第二组,表明他们同样面临缺乏体系化制瓷技艺的创业困境。但是 J6 和 J12 对自身所处的困境有积极应对行动,他们为自己树立了"完成一件艺术品创作"的具体目标,较之其他"景漂"创业者具有更强的行动力和执行力。倘若"景漂"创业者 J6 和 J12 只是持有目标导向的创业动机,根据 Houle(1961)的动机导向理论,创业行为伴随着特定目标发生或者结束,创业行为可能会重复发生但并非持续不断地进行着。"景漂"创业者 J6 和 J12 的目标导向动机与创业动机有着重复叠加的存在现象,他们既出于自身特定的实际需要而创业,同时也有纯粹的创业目标。创业就需要制定创业目标,创业对于 J6 和 J12 来说会是一项有着既定目标并为之努力的持续性实践活动。因此,J6 和 J12 的创业动机在所有参与的"景漂"创业者中具有超强性和持久性。

2.3.2 创业动机的持续性变化

前文所阐述的内容说明了"景漂"创业者的内在心理需求,揭示了不同导向的创业动机。在创业共同体环境的作用下,这样的内在心理需求使得两者产生互动,促使"景漂"创业者的创业动机产生强弱的持续性变化。表 2-3 中的编码结果说明,在与创业共同体环境的互动中持有"同行交流""学习技能"创业动机导向的"景漂"创业者们,促进了制瓷技能学习的进步。与此同时,在与创业共同体环境的互动中持有"自我实现"创业动机导向的"景漂"创业者们,创业动机没有得到有效的推进。另外,没有在创业共同体环境中积极互动的"景漂"创业者也处于尚未持有交流动机或者技能动机的状态中，因而有着较弱的创业动机。分析表明，创业共同体中"景漂"创业者的创业动机强弱变化主要表现为三种类型：动机持续较强、动机由强转弱和动机持续较弱（见表2-6）。

如表2-5所示，在创业共同体PARJ中，创业支持力量作为一种创业外部环境的影响力与"景漂"创业者个体的内在需求进行密切互动，对"景漂"创业者个体的创业动机有正面的促进和发展作用。创业共同体PARJ对"景漂"创业者的影响作用主要体现在三个方面：创业共同体中的他人支持力、创业共同体中的同伴压力、创业共同体中的融洽关系。在表2-5的例证中，师傅的真诚相助给予J4精神上的慰藉，增强了其继续前进的创业动力。创业同伴之间实质性的技能帮助，给予J2、J4、J5创业资源上共享和支持的同时，也使得"景漂"创业者得到情感上的支持。同样地，创业者间也会有同伴创业的无形压力。例如，J1、J4"景漂"创业者所体会到的与其他"景漂"创业者之间的差距，促其在付出更多努力的同时也获得创业动机的正面导向和相应变化。

表2-5　创业共同体对"景漂"创业者创业动机的促进作用

外部环境影响力	例证
共同体中他人支持	想到师傅那么晚还在一丝不苟地帮我把关陶瓷设计的问题，我感激不尽，心中特别温暖，也有了继续前行的力量（J4）
	大家都帮我出主意，很支持很热心地给我很多建议。有一些人并肩作战，我觉得无论怎么忙这个（艺术创作）时间还是可以挤出来的（J2）
	大家在一起交流经常能够产生火花，是我创业能够继续做下去的动力（J3）
	精神上感觉很安全，不是孤立无助得要命的感觉，而是有人帮你的感觉（J4）
共同体中融洽关系	感受最深的一点是自己在这个集体中感觉很温暖，精神上不再感到孤独（J4）
	创业共同体成员间融洽的关系给了我不断克服困难的勇气和力量（J5）

外部环境影响力	例证
共同体中同伴压力	我们团队里的其他人都太突出、太优秀了,我必须加倍努力(J1)
	在这里我发现自己与其他同伴的差距,也从他们身上汲取了前进的动力(J4)

对于不同"景漂"创业者而言,由于各自的个体特性不同,创业共同体环境与其内在动力互动过程中,不同的"景漂"创业者的创业动机呈现出差异性的强弱变化,具体分成三种类型,如表2-6所示。

表2-6 创业动机的强弱变化分析

类别	描写	"景漂"	例证
持续较强	创业共同体影响力及个人需求均属强烈,"景漂"从业者创业动机强烈并且持久	J2 J3 J4 J5 J6 J10	我觉得自己对创业越来越感兴趣了。我可以学习了,不是说我以后要升官发财。(而是因为)有的时候自己盲目地一个人在那里学,没有方向,没有伙伴,这是很痛苦的。(现在)可以有同伴,甚至还有师傅可以一直指导我们,我觉得这是一件很幸福的事儿(J2)
由强转弱	创业共同体影响力与"景漂"从业者个人需求并不一致,"景漂"从业者初期表现为强烈的创业动机,而后迅速减弱	J1 J8 J9	信念会影响你能不能坚持。我的信念就是不坚定。实际上当时参加了创业共同体活动回来以后,我都归了一个档案,现在还是厚厚的一本。参加的时候我觉得身在其中,但是回来没有时间跟踪。我就是动机性不强,到现在都还没去看那一条条的条件方法,毕竟对这个也不是天生就很感兴趣(J8)
持续较弱	创业共同体影响力与个人需求均不强烈,动机持续处于较低水平	J7	现在我每天下午两点就要在办公室坐班,大家的活动都从三点开始,所以我不可能有时间参加。说实话,我觉得做这个创业的实证研究,感觉动静太大(J7)

如表2-6所示,第一类是创业共同体对"景漂"个人需求的影响力一致且强烈时,由于内外部两种力量产生互动,促使"景漂"创业者的创业动机

具有强烈性和持续性。例如，J2"景漂"创业者"对创业越来越感兴趣"，他认为有师傅的指导、有同伴陪伴的创业共同体是"一件开心的事情"，在其中感受到了创业的快乐，促使其创业动机强烈并持久。

第二类是在创业共同体的影响力与"景漂"创业者的个人需求不一致的情况下，初期的"景漂"创业者具有创业的积极性，但在不久后迅速减弱。对于J8"景漂"创业者来说，创业的"信念不坚定"，且创业的内在动力不强。虽然在创业共同体PARJ的共同学习过程中，J8在师傅和同伴的支持和帮助下，能够顺利融入创业共同体的创业活动和有关学习中，并且感受到"身在其中"，但是创业共同体的外部影响力和J8的个人内在动力并不一致。J8对于创业的感受集中于"不是天生很有兴趣""动机性不强"，因此"回来没有仔细琢磨""没去看"实际的创业方法和操作步骤，导致后续的创业经验学习不到位且创业动机逐渐减弱，具体表现为Miller等（1967）所描述的创业动机逐渐减弱的"景漂"创业者。

第三类是创业共同体的影响力与"景漂"创业者的个人需求对于创业动机的持续力处于较低水平。例如，J7"景漂"创业者创业的个人内在需求并没有足够强烈，认为自主创业"动静太大"，因此J7"景漂"创业者为创业愿意付出的时间和精力都很有限。在参加创业共同体PARJ期间，J7"景漂"创业者临时中止创业，"每天下午两点就要在办公室坐班"，行政工作成为主要的日常工作内容，因而创业共同体对其影响减弱。由此可见，J7"景漂"创业者处于Miller（1967）所提到的较弱的创业动力来自于外部环境影响力及个人需求均不强烈的背景中。

通过上述分析可知，创业动机受到创业共同体这一外部环境影响力的作用，"景漂"创业者自身具有的内在创业动机导向与持有不同动机导向的其他"景漂"创业者，以及与创业共同体宏观环境的互动中表现出不同创业动机的强弱变化趋势。总体而言，创业共同体中同伴的影响力以及融洽关系，给予"景漂"创业者们在心灵情感上的支持和帮助，对"景漂"创业者产生良好成效并为之持有强烈内在创业动机。换言之，作为介于外部大环境和"景漂"创业者个体之间的 PARJ 创业共同体，这样的中介环境能够产生支持力量，因此对"景漂"创业者构成正向的创业动机推动力，调节"景漂"创业者创业动机的变化性与持久性。由"景漂"创业者的背景故事可知，"景漂"创业者在参加创业共同体 PARJ 之前长期处于懈怠、痛苦、心理排斥的创业倦怠状态，创业动机普遍较弱。创业共同体的情境提供了实现内外调节创业过程的人文环境，为具有强烈内在创业需求的"景漂"创业者提供了从精神情感到社会帮助的链条，促使"景漂"创业者突破障碍，实现创业进程的顺利发展。

与此同时，PARJ 创业共同体作为有效的外部力量，对"景漂"创业者创业素质的提高和"景漂"创业者创作者的身份认同也有推动作用，下文将对"景漂"创业者在创业共同体中的创业素质提高及身份认同的转变进行详细阐述。

2.3.3　创业心态的改善

分析数据表明，在总体上，"景漂"创业者的创业心态从消极向积极逐渐转化，具体体现在创业意识的持续增强（如"想要创业"）和创作兴趣的增长（如"逐渐感兴趣"）两个方面，具体的参考点如表 2-7 所示。

表 2-7　"景漂"创业者创业心态编码及参考点举例

创业心态编码	参考点举例
创业意识	我觉得创业共同体对我的创业意识（的增强）是有很大帮助的。这中间我也经历了困惑、迷茫的过程，后来观念就逐渐清晰了，然后就促使我最后做出创业的决定（J1-"景漂"创业者间交流-2022-07-12）
	以前觉得创业，就是为了面子去做对生活没有多大意义的事情。现在我觉得自己还是可以做点事情的，在创业过程中还是可以做点东西出来的（J6-"景漂"创业者访谈-2022-06-25）

创业心态编码	参考点举例
创业意识	我现在觉得创业其实就是让你对事情首先要有一个大的认识，然后你再去做一些实际性的研究（J4-"景漂"创业者访谈-2022-06-21）
创业兴趣	我觉得自己对创业研究越来越感兴趣了……你可以有同伴，甚至还有师傅一直指导我们，我觉得这是一件很幸福的事儿（J2-"景漂"创业者访谈-2022-06-21）
	太多的方法可以尝试了，我觉得肯定很快乐，肯定不一样（J4-"景漂"创业者访谈-2022-07-23）
	我常常追求那种活力十足、忘我的境界，但愿创业能够给我带来这样的状态（J5-"景漂"创业者日志-2022-07-18）

首先，"景漂"创业者的创业意识逐步加强，在本书中是指对创业活动本身的概念明确化，并对创业价值的认可度加强。如表2-7所列，J1感受到创业意识从困惑迷茫到逐渐清晰的变化，持续增强的创业意识促使J1做出继续创业的决定；J4对创业有了更明确的认知，学会通过创业的理论系统（"大的认知"）来指导实践操作（"可行性的研究"）；J6从本来认为创业是"对生活没有多大意义的事情"，到认可创业对生活的实际价值，提高了创业价值的认可度，增强了创业的意识。

其次，"景漂"创业者对创业产生了兴趣的萌芽或有了进一步的发展。例如：J2"景漂"创业者在独自且盲目的创业过程中感到"很挣扎"，但参加创业共同体让他拥有了同伴，因而感到"很庆幸"，并且很享受共同创业的过程；J4"景漂"创业者在参加创业共同体前同样在进行封闭式作业，认为自己起点太低并不断更换创业实践的内容，每当遇到困难就半途而废。参加创业共同体，通过专业共享与交流后发现"太多的创业方式可以实践"，产生了创业过程"一定很快乐"的强烈憧憬；J5"景漂"创业者原先将职称作为创业发展的主要目的，通过与同伴对话沟通后体会到创业带来的许多乐趣，并期盼着自身未来的创业生活。综上所述，能够得出关于"景漂"创业者创业过程中心态变化的三点结论:第一,"景漂"创业者起初的创业焦虑在于对创业最终结果的强烈依赖,因而当"景漂"创业者走出这种功利性的创业倾向后,普通创业者也就感受到了创业本身带来的许多快乐,使得"景漂"创业者从创业倦怠期中脱离出来,走向身心的解放。第二,创业共同体中"景漂"创业者创业心态的改善在于互动创业体验。在创业共同体中不管是"景漂"创业者自我意识的觉醒(如 J1),还是自我的批判反思(如 J6),又或是受同伴的鼓励(如 J2、J4、J5),都是通过与项目、他人、自我的积极沟通,实现内外身心的调节。第三,创业共同体中"景漂"创业者互动性的创业经验中的体验式创业并非是重大事件,通常是"景漂"创业者在创业共同体创业活动中的细微事件,而这些细微的事件对"景漂"创业者的创业心态转变有着重要意义,可以帮助他们的创业成长。

2.3.4 创业知识与能力的增长

通过编码可知,在总体上,"景漂"创业者的创业知识及能力显示出一定程度的增长,具体体现在创业方式、思维方式、陶瓷文献能力、艺术创作能力和找寻问题能力五个方面的变化,尤其在创业方式的掌握方面表现尤为突出,如表 2-8 所示。

表 2-8 "景漂"创业者创业知识与能力编码及参考点举例

创业知识与能力编码	参考点举例
创业方式	这一类的创业研究,从明确方向到路径设计,我已经很明确一步步该怎么做了(J6-"景漂"创业者访谈-2022-07-25)
思维方式	现在这个就比较清晰,先要从问题开始去考虑,还有结果……(J6-"景漂"创业者访谈-2022-08-25)
陶瓷文献能力	我觉得这个(创业共同体)对我收集资料的信心和能力是有提高的(J2-"景漂"创业者访谈-2022-08-21)

续表

创业知识与 能力编码	参考点举例
艺术创作能力	原来这中间的铺垫（环节）就是艺术创作！我最后改了一下，努力"扬一扬"（J4-"景漂"创业者访谈-2022-09-23）
找寻问题能力	就发现有好多东西可以思考，有的时候虽然没去做但心里还蛮开心的（J2-"景漂"创业者访谈-2022-08-21）

第一，"景漂"创业者已经基本掌握关于创业的方法与步骤。例如，J6"景漂"创业者已经明确"一步步该怎么做"，并掌握了创业的基本方法。第二，"景漂"创业者表现出创作性思维的养成。例如，J6展现出学会从创业背景开始切入形成创作性的思维方式。第三，"景漂"创业者查找陶瓷文献的能力也在创业实践中得到提高。例如，J2"以前收集工艺美术的资料没有穷尽，觉得差不多了就满足了"，但是在创业共同体的各类创业学习中，提高了"收集资料"的能力。第四，在实践中"景漂"创业者的艺术创作能力有所增强。例如，J4从实际的创业过程中顿悟到"艺术创作"的重要性。第五，"景漂"创业者找寻问题的能力有所提高。例如，J2从原来不熟悉的创业过程到发现"有好多项目可以尝试"，进而提高了创业所需找寻问题的能力。

通过上述分析可得出两点结论：第一，基于在实践中对知识体系的重新建构，"景漂"创业者的创业知识持续增长。"景漂"创业者所说的"现在的创业……"，正体现了旧的创业认知体系的消解和新的创业认知体系的建立。这一新旧创业认知体系的融合更替映射出创业共同体中"景漂"创业者从心理间到心理内的观念转化。"景漂"创业者所说的"原来这就是创业……"，正是"景漂"创业者通过交流，将其内化为创业新经验的过程进行表达。第二，基于创业实践中的体验是"景漂"创业者创业能力提升的重要途径，因为创业能力的发展最终要落实到具体的创业过程中。"景漂"创业者所说的

"最后改变了创业的思维和方式……"，正是创业行动的一种转变。

2.3.5　创业实践的推进

"景漂"创业者创业素质的变化最终体现在"景漂"创业者个人创业实践的推进。数据显示：PARJ"景漂"创业者创业共同体主要通过两种具体途径推进了"景漂"创业者的创业实践：一是促进"景漂"创业者突破阻碍进而持续投入创业实践；二是激发"景漂"创业者产生兴趣进而主动投入创业实践。如表 2-9 所示。

表 2-9　"景漂"创业者创业实践编码及参考点举例

创业实践编码	参考点举例
持续投入实践	就说最近这次创业实践，我就思考我能规划好吗？我能做好这件事吗？后来大家都说，你先做！我想我做出来再说吧。……做起来了，不管像什么样子，成功不成功，我觉得已经开展了（J4-"景漂"创业者访谈-2022-07-23）
主动投入实践	J5 的"如何使艺术创作更有效"这个问题激发了 J10 的极大兴趣，因为他正好看到一个文献……经过一番讨论，大家都认为这是艺术创作，是有意义的研究，鼓励 J10 继续研究下去

当创业实践遭遇困境，"景漂"创业者原先往往选择放弃或者中断创业活动。然而在创业共同体中，J4 在伙伴的"先实践后完善"的创业策略的提示下，并未如以往一样"到处挖井"或者"半途而废"，而是"做起来了"，表现出持续投入创业实践的态度与行动。在另外一个例子中，J5 受到 J10"如何使艺术创作更有效"这一问题的启发，由这个问题引起一番讨论，最终促成了 J10 的另一个实践活动。这是 J10 在完成其"创业条件分析"的实践之后，主动开展的一项新的创业研究。可见，创业共同体中的对话沟通推进了"景漂"创业者主动投入创业实践的行动。

有关"景漂"创业者创业实践的推进，可以再从以下两方面进一步解读：第一，"景漂"创业者创业研究项目的开展使得创业活动对于"景漂"创业者个人而言，从远期目标调整为近期目标，从近期目标又转化为行动实践。第二，"景漂"创业者之间创业知识、经验、能力等方面存在差异性和互补性。差异性造成了知识与经验从丰富者向缺乏者的流动，而互补性使得不同"景漂"创业者之间的不同经验相互融合，最终形成完整的经验进而推动了创业实践。

综上所述，"景漂"创业者的创业素质分为三个方面：创业心态、创业知识与能力、创业实践，即有关创业的"知""行""情"，如同三个齿轮一般互相驱动、相互作用而构成良性循环。创业共同体中的对话沟通往往激发其中某一方面朝向良性发展，最终促进整个良性循环系统的形成。例如，创业共同体给予"景漂"创业者极大的情感支持和资源支持，直接改善了创业者的创业心态，使"景漂"创业者有意识或有兴趣持续地开展实践。反之，"景漂"创业者在 PARJ 学习创业共同体各类创业活动中掌握的创业方法，使得"景漂"创业者有能力开展创业实践，并且因创业实践的开展改善了创业心态。

2.4 "景漂"创业者身份认同的发展

在 PARJ 创业共同体的学习交流中，"景漂"创业者的成长体现在两方面，分别是创业素质的不断提高和"景漂"创业者身份认同的有效发展。"景漂"创业者对自我身份认同的发展过程是一个较为复杂的概念，首先体现在"景漂"创业者对自我认知观念的变化，其次体现在"景漂"创业者对有效创业观念的转变。其中，"景漂"创业者的身份并不是称号或标签所赋予的，客观环境无法机械地判定具体的某一"景漂"创业者是或者不是"景漂"创业者的身份地位，实质上"景漂"创业者对自身的身份认同是其对"我是'景漂'创业者"的一种强烈且直接的感知过程。

2.4.1　自我观念的转变

在 PARJ 创业共同体中对自我的观念认知，"景漂"创业者由单一的实践者转变为艺术创作和实践相结合的"景漂"创业者，这样的转变主要体现在以下三个方面：

第一，"景漂"创业者对自己是在创业实践中开展研究的"'景漂'创业者"这一身份的感知体现在对"我们是谁？""我们在做什么？"这些问题的回答上。正如 J3 所评价的：

我们大家都开始进入到一个以实践的态度去进行创业的轨道上来。

"以实践的态度进行创业"意味着创业共同体"景漂"创业者在创业的同时兼顾了创作，这是对在创业实践中开展创作产生的一种认同。"景漂"创业者本身发生了变化，不再仅是单一的创作者，而是转变为实践并重的"景漂"创业者。

第二，"景漂"创业者对自己在创业实践中开展研究的"'景漂'创业者"这一身份的感知还体现在对"我想成为什么样的人？"这一问题的回答上。例如，J5 在项目后的反思日志中写道，自己非常向往创业共同体师傅那样的创业者状态：

在我最后一次项目陈述的时候，师傅敏锐的思维和洞察力让我折服，他一下子就指出我创业的致命之处，这是我陈述前能感觉到，但又不清晰的地方。难道他那样的敏锐是多年创业训练的结果吗？我不知道。但当时让我感到震撼。这样的智慧不正是我追求的吗？（J5-"景漂"创业者日志-2022-08-18）

J5 曾被师傅的高大形象所"深深吸引"，然后又为师傅敏锐的创业者思维所"震撼"，想成为师傅那样的创业者。在 PARJ 这一创业共同体中，师傅是已确立了创业者身份的成员，J5 将未来的自己与现在的师傅进行对照比较，体现了 J5 对师傅创业者身份的认同感。师傅的创业者身份正是通过这种认同的过程逐渐实现转变。事实上，"景漂"创业者身份认同的建构过程正是与周围环境互动的过程。"景漂"创业者通过与师傅这样的创业者的互动而获得自己"'景漂'创业者"身份的建构与发展。

第三，"景漂"创业者对自己"'景漂'创业者"这一身份的感知还体现在对"我们与世界的关系是什么？"这一问题的回答上。例如，J10 在日志中反思到：

转眼到 2022 年 8 月底了，创业共同体中几乎所有的"景漂"创业者都得到了企业家的资助。通过参加举办的"景漂"创业者培训，我在创业共同体的收获和成长在交流期间得到了集中展示。有机会学习和聆听创业研究首席专家的报告并参与互动，让每位"景漂"创业者都异常兴奋，特别高兴的是能在专家报告里找到自己当前正在做的艺术创作问题的答案，这证明了"景漂"创业者对专家的报告已产生共鸣和思考，对"景漂"创业者作为创业者的身份的信念和信心的进一步加强。（J10-"景漂"创业者日志-2022-06-02）

"景漂"创业者"在专家报告里找到自己当前正在做的艺术创作问题的答案"，正是通过 Wenger（1998）所说的"参与""想象""结盟"这三种创业共同体的归属方式，建立与创业圈的关系，成为创业圈中的一员。上述日志中提及的创业培训活动对创业共同体"景漂"创业者而言是一个交流平台，"景漂"创业者经由此交流平台而接触到创业圈。首先，每位"景漂"创业者通过开展各自的创业研究项目，而参与到创业圈中共同的创业实践中来，这是通过"参与"来实现与创业圈的关联。其次，"景漂"创业者在实践的基础上通过思维努力，对"专家的报告产生共鸣和思考"，这是"景漂"创业者通过想象而超越时空限制创建了新的关系。最后，正如 Wenger（1998）所说的，创业共同体"景漂"创业者的身份认同，不是某种标签，而是一种经历和特定做事的方式。"景漂"创业者的身份是通过在 PARJ 学习创业共同体中积极地开展创业研究活动而获得定义的，而参加创业活动的经历又将"景漂"创业者的过去经历（创业研究项目的开展）和对未来的追求（更深入的研究）产生了关联，通过这种结盟的方式，"景漂"创业者成为创业圈的成员，实现"景漂"创业者身份认同的转变。

2.4.2　创业观念的转变

在 PARJ 创业共同体中，"景漂"创业者的创业观念也由单一围绕商业化制作，转变为注重艺术创作与商业制作的平衡，并将原先忽视的个人发展纳入"景漂"创业者创业生活图景中。笔者会在期初和期末访谈中捕捉"景漂"创业者的观念变化。访谈通常由一个核心问题开始，通过引导，进一步层层细化。笔者为了捕捉"景漂"创业者对自身创业观念的变化，给出"你认为'景漂'创业者的创业生活是怎样的图景？主要包括哪些内容？"这一系列核心问题。

"景漂"创业者的核心问题涉及创业相关、艺术创作以及个人发展这三大类内容。从上述主题分析可以得出两个发现："景漂"创业者的观念变化主要在于创业、艺术创作及自我发展这三大类的比重，总体上"景漂"创业者由原先过于关注创业，转而更平衡地对待创业和艺术创作。为了更好地了解"景漂"创业者对自身创业的观念变化，下文将以"景漂"创业者 J6 为例，进行深入分析：

"景漂"创业者 J6 在参加创业共同体前后均有显著变化，对创业的认同度大幅度增加，从变化可以看出，J6 对创业有了更清晰的认识，从原先完全从创业角度出发，转变为由"景漂"创业者自身的发展出发，并且兼顾创业、创作和自我提升。这种思维视角的转变是"景漂"创业者身份认同转变的关键一环。正如"景漂"创业者 J1 所总结的：如果把商业制作和艺术创作分割开来是不可行的，我以前只关注艺术工艺品商业制作的一个方向，确实忽略了艺术创作的重要性。尤其参加了创业共同体以后，我觉得艺术创作越来越重要，它并不是对创业的一种时间和经历上的阻碍，而是促进创业和更深入地理解一个问题的关键。这两者之间实际上是一个相互促进的过程，艺术创作反过来能使我的创业有一个更好的发展。

J1 对商业制作和艺术创作之间的关系是在新的领悟基础上的一种新的理解。这样的观念转变是"景漂"创业者对自身身份的认同和发展的集中体现。因此可知，参与创业共同体活动为"景漂"创业者身份认同的转变，尤其是"景漂"创业者对自身的看法，以及对自身所从事创业经历的观念转变都有所帮助。这样的观念转变才最终推动"景漂"创业者身份认同的发展。

2.4.3　身份认同发展的不同轨迹

创业共同体中的创业学习对"景漂"创业者身份认同的发展有很大成效，然而，"景漂"创业者个体特征对"景漂"创业者身份认同发展也有很大影响。综合分析各类数据发现，不同"景漂"创业者的身份认同沿着四种轨迹呈现不同的发展变化，如表 2-10 所示。

表 2-10　"景漂"创业者成长轨迹

组别	"景漂"	成长轨迹	创业成长故事	创业动机强弱变化	创业素质变化	自我评价距离
第一组	J3 J5 J10 J11	走向成熟	有创业实践基础 有创业兴趣 掌握创业方式 创业实践投入多 创业成果获认可	持续较强	创业心态改善 创业知识掌握 主动创业实践	终于找到方向（J5）
第二组	J2 J4 J6 J12	初步成长	缺乏创业基础 创业兴趣有所发展 创业方法获得突破 积极投入创业实践	持续较强	创业心态改善 创业知识掌握 持续创业实践	渐渐入门了（J6）

组别	"景漂"	成长轨迹	创业成长故事	创业动机强弱变化	创业素质变化	自我评价距离
第三组	J1 J8 J9	边缘参与	缺乏创业基础 创业方法有所领会 创业心态有所改善 创业实践投入少	由强转弱	创业心态改善 缺乏持续创业	游离在外面 （J8）
第四组	J7	临时偏离	缺乏创业实践基础 创业心态有所改善 转向其他实践	持续较弱	缺乏持续创业	我会自我发展 （J7）

如表 2-10 所示，根据"景漂"创业者的自我评价、"景漂"创业者创业成长的个体特征、"景漂"创业者创业动机的强弱变化以及"景漂"创业者创业素质变化的个体差异性，研究者综合多角度的数据和多方互证，得出 4 组关于 12 位"景漂"创业者不同的成长轨迹：①J3、J5、J10 和 J11 是走向成熟的"景漂"创业者；②J2、J4、J6 和 J12 是初步成长的"景漂"创业者；③J1、J8 和 J9 是边缘参与的"景漂"创业者；④J7 是临时偏离的"景漂"创业者。

第一组中的"景漂"创业者的成长最为全面和显著，J3、J5、J10 和 J11 是走向成熟的"景漂"创业者。例如，多年来 J5 对创业保持着兴趣，而且从未间断过自发的创业实践。由于独自苦苦寻找最合适的创业方向，J5 曾经感到"迷茫""困惑"，但"终于找到自己的方向"，J5 全身心地投入创业活动是在创业共同体中与创业项目和创业伙伴的持续交流互动中产生的。这组"景漂"创业者的明显特征具体体现在：本身具有一定的创业基础，创业兴趣以及创业成果获得认可，具有已经运营的项目，因此他们的创业动机持续较强。这些"景漂"创业者虽然在某一方面遭遇困境，但通过在创业共同体中的互动体验，已初步具备自发开展创业实践的素养。

第二组中初步成长的"景漂"创业者是 J2、J4、J6 和 J12，创业过程中，他们在某一方面的成长较为明显。例如，J6 对具体的创业方法有深刻的体验，并且认为自身在创业上"渐渐步入正轨"。与第一组相比而言，他们本身的创业基础相对薄弱，在创业实践方面尚未达到第一组"景漂"创业者自发创业的实践程度，但创业方法也在不断学习中，因而第二组的"景漂"创业者创业动机也持续较强。

第三组中的"景漂"创业者 J1、J8 和 J9 是边缘参与的创业者，他们的创业发展并不显著。这一方面与"景漂"创业者的创业基础首要相关；另一方面与"景漂"创业者本身的内在动机紧密相关。创业共同体的外部影响是创业动机的主要受力，这些"景漂"创业者的内在动机不强，主要表现为由强转弱，且动机的持续性也不强，因而不足以推动"景漂"创业者持续地开展创业实践活动。更需要强调的是，在创业共同体中，尽管 J1、J8 和 J9"景漂"创业者的创业成长并不明显，参与创业实践的内在动力也不足，但是这组"景漂"创业者都是外在在创业第一线的优秀"景漂"创业者。在目前"重创作、轻实践"的评估体制下，他们对创业实践的动力不足。例如，J8"景漂"创业者身为创业团队的负责人且身兼数职，在"景漂"创业者发展和自我发展之间，受客观条件的限制无奈选择了艺术创作第一，对于创业"总觉得游离在外边"。因此，为使这些"景漂"创业者的创业开展顺利，急需创业管理部门改革目前的创业评价管理制度。

第四组中的 J7 是临时偏离的"景漂"创业者。基于各方面的因素导致 J7 不能继续参加创业共同体的活动，在创业共同体活动的第一阶段中，J7 就由艺术创作的定位转至商业制作的岗位，因而 J7 临时偏离了原本的艺术发展轨迹。值得注意的是，尽管 J7 仅参加了第一阶段的创业共同体活动，但是创业共同体对 J7 的影响仍在数据中有所体现，如 J7 决心"遵循自我的发展"。参与创业共同体短暂的经历对 J7 的专业发展具有积极影响，也侧面体现了 J7"景漂"创业者本身渴望创业顺利发展，但却受到创业客观条件限制的尴尬处境。对于这一类的"景漂"创业者而言，组建并参加创业共同体的活动并不能使其走出创业困境，而促进真正的创业发展唯有客观条件的切实改善。

综上所述，在 PARJ 创业共同体中，"景漂"创业者作为创业者的成长过程，体现在创业动机的强弱持续变化、创业素质的提高，以及"景漂"创业者积极参与创业共同体的各种实践中，并从中建构与这些实践相关的身份认同。换言之，PARJ 创业共同体中的创业实践学习不仅可以调节"景漂"创业者的创业动机，促使其朝正面发展，还可以改善其创业心态使其收获创业知识与能力，促使其持续开展或主动开展创业实践活动；更重要的是，在 PARJ 创业共同体中的创业学习让"景漂"创业者的自我观念和创业观念发生了巨大的变化，使"景漂"创业者对创业身份具有自我认同意识。

第3章

景德镇陶瓷文化产业的发展

从存在形态的角度出发，对文化资本的理解主要有以下三个方面：一是以具体的形式存在，可以理解为以精神的形式存在于人们的脑海之中。二是以载体的形式存在，这些载体承载着文化理论并将其实现和客体化，如图片、典籍、辞典、用具、器械等。三是以系统的形式存在，即以一种客体化、加以区别对待的形式存在（正如我们在教育中所观察到的一样）。之所以要对系统形式区别对待，是由于这种形式更凸显出文化资本的资本性。马克思对资本的定义是：资本之所以被称为资本是因为其能带来资本价值的升值。从这个定义来看，文化资本是指能带来价值增值的以文化商品的形式存在的文化商品及其附属品。文化资本的存在依赖其载体，因此要实现资本增值就必须通过商品交换这一途径。基于以上因素，本书重在研究文化资本运营过程中的交易模式，解读文化资本价值增值的特殊性。

3.1　景德镇陶瓷文化产业概述

学术界对景德镇陶瓷文化产业有广义和狭义两种理解。从狭义上可以将景德镇陶瓷文化产业理解为陶瓷产品生产制造企业的合集，包括各类陶瓷产品的生产和制造企业；从广义上理解，景德镇陶瓷文化产业不仅是陶瓷产品生产企业的合集，还应包括景德镇陶瓷文化产业链上的各个环节，如提供原料、物流、设计等相关配套支持的企业。

3.1.1　陶瓷产业定义

大约在 8000 年前，陶器就被新石器时代的人类所认知。陶瓷的主要制作材料包括高岭土、黏土、氧化铝等。陶瓷在人们日常生活中被广泛地应用，主要包括房屋的建筑和饮食的器皿。与此同时，现代科学研究的发展也离不开陶瓷，其中黏土混合物的作用功不可没。黏土混合物的可塑性极高，在700度的窑炉中烧制出的瓷器产品可用来做盛水的容器；在1230度的窑炉中烧制出来的就是瓷器，此时的瓷器不仅不吸收水分还耐高温腐蚀。由于瓷器用途广泛，在日常生活中的大部分场景都能见到它的踪影。随着我国经济和生产力的高速发展，陶瓷行业的生产已经极具规模，目前陶瓷的主要产区包括景德镇市、高安市、丰城市、萍乡市、佛山市、潮州市、德化市、醴陵市、淄博市等地。

3.1.2 我国陶瓷产业概况

从明清时起，我国的陶瓷工艺品就开始畅销海外，随着近现代工业的发展，改革开放以来，我国陶瓷业在不断地完善技术与设备，革新工业技术。目前，我国已然是世界陶瓷第一大生产国。

我国是陶瓷的发源地，早在5000年前中国人就已经掌握了陶器的制作方法。在这一历史背景之下，我国的陶瓷产业起步更早、发展也更快。21世纪以来，我国陶瓷产业发展较为平稳，陶瓷企业和生产数量的增长都比较明显，因此我国陶瓷产品的生产总量稳居世界第一，陶瓷产品的出口也居于领先地位。但景德镇陶瓷文化产业仍存在以下问题：整体的生产效率偏低、缺少专业技术人才、创新意识和品牌意识欠缺。

由于目前国内陶瓷产业的发展存在原材料丰富、成本低廉等优势，国内陶瓷产品的产量不断提升，现今已成为世界上瓷砖产量最大的国家。瓷砖的产量在2011年为108亿平方米；而2016年瓷砖产能则增至148亿平方米。

在国家大政方针的指引下，陶瓷产业的发展也正在经历着转变，相信过不了多久，陶瓷产业将形成以技术、创新性为核心的发展理念。2016年，国内四大类陶瓷品种的2216家陶瓷企业实现收入4472亿元，比2015年增加11.3%，其中包含利润351.6亿元，比2015年增加9.72%。

据中国建筑卫生陶瓷协会发布的数据，2022年，我国建筑陶瓷、卫生洁具类产品进出口贸易总额为 285.77 亿美元，同比增长 4.43%。其中，出口贸易额为 277.68 亿美元，同比增长 4.94%，进口贸易额为 8.09 亿美元，同比下降 10.55%。

当前，由于电瓷与国民经济发展的联系越来越紧密，尤其是与电力工业的发展有密切的联系，国家对电力、电网的投资对景德镇陶瓷产业的影响较大。陶瓷新材料作为新材料的一部分，具有其他材料所没有的各种优良性能，因此应用的范围较大，是众多行业中不可或缺的关键材料，在各种工业技术中，特别是尖端技术中，陶瓷新材料的应用较广。随着电子、汽车、生物医疗等领域的高速发展以及消费者消费水平的不断提高，市场上对陶瓷新材料的需求量也在不断扩大。

随着其他地区的日用陶瓷产区的快速发展，经济优势使得其新增产能逐年持续增长，各个地区都形成了各有特点的产业集群。虽然我国日用陶瓷生产企业数量庞大，但大都是中小民营企业，缺少领头企业带动行业发展。此外，景德镇陶瓷文化产业集中度较低，竞争十分激烈，经营者往往通过降低产品价格来提升各自的竞争优势，而中高档市场中的竞争往往更加讲究品牌经营、陶瓷外观设计及陶瓷制品的质量。

多元化与个性化是陶瓷制品在全球陶瓷市场中呈现出的发展趋势。国内市场看中陶瓷产品的外观及文化蕴含，而国外市场则更加注重陶瓷产品的卫生与环保节能问题。随着我国经济水平的提高和安全意识的提升，以金属为材质的更为安全环保的陶瓷产品越来越受到消费者的青睐。近些年，国内陶瓷行业的发展虽然较为平稳，但是该行业所面临的问题仍十分明显，如效率不高、缺乏核心技术、品牌意识淡薄等问题。同时，该行业的集群效应比较明显，以湖南省醴陵市、广东省潮州市、广西壮族自治区北流市、河北省唐山市和福建省德化市等为代表的陶瓷行业迅速崛起，形成了特色鲜明的行业集群。另外，因为陶瓷企业的数量在不断增加，而且大部分又是一些中小型的企业，所以行业的生产比较分散，但该行业的市场化程度却偏高，导致竞争也相当激烈，因此主要通过压低价格的手段抢占市场，而在中高档市场则主要通过创立品牌、创新设计及提高质量等手段进行竞争。

3.1.3　景德镇陶瓷文化产业现状

中国的英文名称就是来源于陶瓷的英文"china"，瓷器的原产地就是中国。在古代，景德镇叫做"昌南"镇，英文"China"的起源也从此而生。史籍记载，"新平冶陶，始于汉，兴于唐"，景德镇的名字来源于宋代景德年，在景德镇烧制的瓷器都落款"景德年制"。元朝取代宋朝后，景德镇的陶瓷文化产业得到进一步发展，其陶瓷的中心地位得到进一步的巩固，当时有言道"匠从八方来，器成天下走"。"四方远近事陶之人，挟其技能以食力者，莫不趋之若鹜"很好地描述了景德镇当时陶瓷业的兴旺。随着各地的陶工慕名而来，他们也带来了精湛的技术，从而"这让历朝历代的精湛制造陶瓷的技术逐步集中在景德镇并取得极大的发展"。我国古代著名书籍《天工开物》中也有记载，"合并数郡，不敌江西饶郡产"。

近代以来，有了更详细的史料记载，康熙和雍正两个朝代，景德镇的陶瓷年产值接近 400 万两白银，接近同期英国年出口总值。景德镇陶瓷也得到了全世界各地王公贵族的追捧，成为他们向外显示地位的象征。众多欧洲商人不远万里来到中国，购买瓷器，并且数额巨大，每年都有大量瓷器流入欧洲市场。

改革开放以后，我国开始实行经济体制改革，景德镇的瓷业得到了前所未有的发展，让其在世界上享有盛名，先后获得 26 个国际金奖、9 枚国家金牌、4 座工艺美术金杯，各个陶瓷行业的生产者都是行业的领头者，生产出的产品不仅引领市场，还引领行业的潮流。例如，景德镇生产的青花梧桐餐具荣获国家金奖，并被中南海和人民大会堂在接待外宾时使用，这对景德镇陶瓷的发展有着深远的影响。景德镇通过不断探索，最终形成了一套集勘探、制造、研发、交流、教育为一体的完善的陶瓷系统产业。通过不断加强对制瓷技术、外观设计以及人才培养等方面的重视程度，在更大规模和更高层次上，也相继实现了跨越式的发展。景德镇将陶瓷研究放在核心位置上，并凭借陶瓷研究形成基本的开发体系，遵循市场机制的运行理论，为陶瓷技术创新提供了强有力的保障。然而，在全国经济发展迅猛，其他陶瓷产区也将手工生产转变为机械生产的大环境下，景德镇因其经济发展较慢，没有足够的资金支持，生产规模较小，而逐渐丢失了原有的竞争力，最终导致在 21 世纪初，景德镇陶瓷产量在全国陶瓷产量中的比重逐年下降，出口量比重也逐年减少，景德镇陶瓷文化产业作为景德镇的支柱性产业，其自身存在的问题随时间的推移以及大环境的改变逐渐暴露出来。

直到 2005 年，就景德镇陶瓷文化产业长期以来存在的问题，政府采取了一系列针对性的措施，调整景德镇陶瓷文化产业结构，推动国有企业改革进程，创新产品经营模式，景德镇市的景德镇陶瓷文化产业终于迎来复苏。截至 2015 年，景德镇市陶瓷工业总产值已达到 336.5 亿元，景德镇陶瓷文化产业税收达 4.38 亿元，规模以上企业数达 80 户，出口创汇 1.05 亿美元，陶瓷从业人数 11 万余人。

目前，就艺术陶瓷领域来说，景德镇仍走在世界前列，但是日用陶瓷和卫生陶瓷由于其规模有限，只能接一些小订单；建筑类陶瓷市场份额小；工业陶瓷没有知名品牌。在国家试验区成立之后，景德镇将大批老旧陶瓷工业基地转型为文创园区，不仅营造了适合文化创意产业发展的氛围和生态，还推动了区域陶瓷文化创意产业的持续快速发展。一直以来，景德镇陶瓷文化产业文创试验区积极有序引导园区运营主体提升园区发展层级，体现了景德镇陶瓷文化产业在国家试验区中的示范作用。

景德镇陶瓷产业的发展历史源远流长，陶瓷的出现最早可追溯到大约5000 年前。自国家试验区成立以来，景德镇凭借其得天独厚的陶瓷资源优势，积极打造如陶溪川文化创意产业园、雕塑瓷厂等陶瓷基地，举办陶瓷博览会，积极推动陶瓷电商发展等陶瓷文化产业特色活动，传承并创新着景德镇深厚的陶瓷历史文化和精湛的传统制瓷技艺，为景德镇陶瓷文化产业发展在新时期的转换升级提供实质性的推动作用。景德镇陶瓷文化产业作为景德镇富有特色性和支撑的产业，在景德镇的产业经济发展中也发挥着举足轻重的作用。同时，景德镇陶瓷文化产业也在积极引导其他地区文化产业的转型升级，发挥着其至关重要的引领作用，打造了城市文化新地标。

从企业陶瓷陈设的讲究到企业制作过程以及工艺细节的展现，从城市建筑的外观设计到山体壁画，从街道照明路灯到人行道铺设，在景德镇几乎处处都能找到陶瓷元素的影子。多项研究表明，文化对于经济的影响越来越重要，并且现在文化同资本一样在经济发展中发挥着十分重要的作用，推动着经济的发展。

文化资本由两方面构成：一是制度上的文化资本，也就是与文化活动有关的有形的资产，这种文化资本通常是被制度化的资本，可以给予所有者合法保障的价值；二是无形的资产，例如，我们自身所拥有的思想技能和认知能力等。广义上看，文化资本理论认为文化资本对社会地位的获得和社会流动有一定的促进作用；也有学者认为文化资本其实是一种信息资本，拥有知识就能够在社会上获取更高的地位、产生更大的影响力。

景德镇作为一个传统陶瓷生产区，有着深厚的文化底蕴以及精湛的手艺和技术传承，近年来还在陶瓷品牌管理经营、文创产业、人才培养等方面取得了较为显著的成绩。佛山、潮州等地的陶瓷文化产业近些年来发展迅速，给景德镇瓷业的发展带来了一定的挑战。景德镇与潮州虽同为较大的陶瓷产区，但两地还是存在许多的不同，例如，在产业发展基础、产品定位以及发展方向都存在一些差异。其中，三宝国际瓷谷项目是江西省首批采用"PPP"模式建设的项目，它在保护生态环境的基础之上，围绕"生态修复、城市修复"这个主题，把各种资源进行整合共享，这些资源包括生态、历史、陶瓷文创。它不仅使当地的生态环境变得更好，同时也大大改善了基础设施建设，还吸引了一大批的外来学者以及艺术家前来观光学习、创作交流，以及大量的文化交流机构和陶瓷文创企业在景德镇落户。

陶瓷可以是文化。陶瓷文化引来了大量外来专家学者的入驻，使得三宝村从依靠陶瓷生存的小村落变成了一个陶瓷文化研究地。陶瓷可以是旅游。三宝村以其开发的融合陶瓷元素的街景与美食、娱乐、住宿等服务设施，为游客提供了休闲娱乐的绝佳场所。陶溪川作为景德镇较为成功的文创园区，为年轻人搭建了许多创业、就业输出平台。年轻人通过销售一些陶瓷的手工艺品来生存，陶瓷作品夜市摆放出大量手工艺品，吸引了大量外来游客，由此促进了"夜经济"的消费模式。陶瓷可以是乡村振兴。景德镇虽拥有丰富的自然资源，但其经济发展较为落后，当地村落即使拥有丰富的矿产资源，但因交通不便、基础设施落后，乡村面貌长时间得不到改善。马鞍岭村就是其中之一，他们发挥其矿土资源的优势，建起了镇窑，设置了水碓，他们将乡村与陶瓷元素融于一体，设计出一系列特色民宿，使得乡村面貌得到了彻底的转变，村民们也由此获得了实惠。近年来，景德镇紧紧围绕陶瓷文化中心建设，不断深入发掘自然矿石资源，推动工业转型升级和文化产业创新试验区建设融合发展。通过规划引导、政策促进、典型示范、服务提升、规范管理等举措，统筹抓好工业遗存的改造、保护和传承、利用工作，携手企业培育出以高品质陶瓷工艺品为主的产品，形成错位、协同、融合的发展格局，积极发挥景德镇陶瓷文化产业在国家试验区中的引领作用。

景德镇制瓷历史悠久，有"瓷器之国"的美称，制作的陶瓷精美且富有艺术性，在世界都享有盛名。

3.1.4　景德镇陶瓷文化创意产业

陶瓷文化创意产业作为景德镇一个独立的产业，不仅拥有文创产业的全部特征，还有着与一般文化创意产业不同的一些实质性内容。就试验区的比较优势而言，景德镇就找到了其文化产业的精准定位，突出其陶瓷文化与其他产业文化的差异，展现出其地方特色的独特产业价值。将试验区所选取的地理位置的特征与其相联结起来，引导景德镇陶瓷文化产业制定合理的战略性规划，从而使得陶瓷文化企业不断地涌现，再选取其中一个符合试验区发展的企业，发挥其领头作用，则更有利于发挥景德镇陶瓷文化产业的引领作用。

一是景德镇陶瓷文化创意产业的特点是陶瓷，塑造性强是陶瓷区别于其他材料的固有特性。陶瓷还蕴含着更为深厚的文化内涵与历史背景，这也是陶瓷的内在特征。陶瓷文创产业就是结合陶瓷材料的特性和当地丰富的陶瓷资源开展创新活动并生产能取得一定经济价值的产品的产业，它依托着景德镇丰富的矿石资源及人才优势，来发展景德镇陶瓷文创产业。

二是景德镇陶瓷文化创意产业有紧密特性，景德镇的陶瓷文创产业不仅是独立的产业，还与各行各业都有着密切的联系。在行业外部，与陶瓷技术、包装（如外观设计等）、法律（知识产权等）等方面都存在着紧密联系。在行业内部，工艺上的比拼、思想上的交流也都是紧密联系在一起的。陶瓷行业内外部的紧密联系是景德镇陶瓷文化创意产业的一个主要特点。

三是景德镇陶瓷文化创意产业有高风险的特性。景德镇陶瓷文化产业是景德镇陶瓷文化创意产业的基础，要想将文化创意和陶瓷技术融合再加以生产，所需要的成本是不低的，这其中既包括时间成本也包括原材料加工消耗的实际成本。但由于陶瓷行业竞争过于激烈，甚至同行间的恶性竞争，使得景德镇陶瓷文化创意产业变成了一种高风险的产业。

四是景德镇陶瓷文化创意产业有高文化性。景德镇陶瓷文化创意产业依靠着长久以来以陶瓷为生的手艺人、当地一些高校的师生，以及被景德镇陶瓷文化吸引来的全国各地的人才。他们大都是热爱陶瓷文化并且愿意研究陶瓷的一类人，学历基本都是本科以上，受过良好的教育，再加上当地人才引进政策给景德镇陶瓷文化创意产业注入了更多活力。

3.2　景德镇陶瓷文化产业组织的产生及其演变

景德镇陶瓷文化产业的发展受景德镇陶瓷文化产业组织的影响巨大，景德镇陶瓷文化产业组织既能够推进景德镇陶瓷文化产业的发展，也可以起到制约作用。产业组织理论是微观经济学中的重要理论，主要用来解决现实生活中的经济问题。景德镇陶瓷文化产业组织理论适用于产业组织理论在景德镇陶瓷文化产业中的实际应用，主要研究陶瓷企业结构以及企业行为、陶瓷市场的结构和陶瓷组织，以及企业与市场的关系，目的是找出陶瓷资本的运行规律。

3.2.1　景德镇陶瓷文化产业组织的发生机理

在不同的条件背景下，组织也会有不同的内涵，通常情况下，组织可以这样被解释：一是指带有一定目的性的，如组织可以作为企业的管理职能之一；二是指作为某种形成的形式出现的，如各种团体、学校或是国家政权等；三是指组成要素间的相互关系，如企业的横向联系以及市场分工等。

在经济学中，组织这个概念最开始是由经济学家马歇尔提出的。他把组织看作是一种新的生产要素。与其他观念不同，马歇尔把组织看成是可以凸显知识和能力作用的要素形式，组织内容包括企业内部组织、企业外部组织、同一产业中不同企业间的组织、不同产业中各种企业组织以及政府组织等。

产业组织是指同一产业内各种企业之间的市场关系。这类关系主要包括交易、行为、资源占用和利益，通常都是围绕企业之间的竞争、垄断和规模经济的关系或是它们之间的矛盾来对产业组织来进行研究的，往往是针对企业之间的这些市场关系从现实意义角度出发进行详尽描述和阐释。产业组织主要是研究同一产业内部的不同企业之间的市场关系，所以产业组织理论中的产业一般指的是一种局部的产业，是以同一商品市场为单位划分出来的。就拿景德镇陶瓷文化产业组织来说，它就是以陶瓷商品市场为单位划分出的企业之间的组织，企业之间的竞争机制和市场秩序就是其出现的原因。

竞争机制是市场机制的重要内容之一，它的作用就在于随着市场价格的波动自发地引起社会资源的变动，使得现有的资源重新配置达到资源配置最大化。亚当·斯密在《国富论》中详细论述了竞争机制发挥作用的方式，以及怎样让每个人都自发地参与到社会实践活动中去，从而促进社会发展，使得社会全体成员都能从中获益。亚当·斯密在书中将市场比作是一只"看不见的手"，主要是指由于市场的竞争机制，企业要想生存或者运行得顺利，就必须追求利润最大化，人才、资金、技术等生产要素缺一不可，随着市场环境的不断变化，这些要素也会随之发生变化，助力企业从利润微薄、发展缓慢的状态向利润空间大、有发展潜力的状态转变。由于这些生产要素的变动也推动了新兴产业的出现，落后企业渐渐被淘汰出局，通过市场这只"看不见的手"，使得资源发挥其最大作用，实现资源最有效的配置。西方学者大都认为，应该更多地依靠市场自发地调节其资源配置，减少政府的强制干预，政府应该做的是维持好市场运行秩序。

产业组织理论是以古典经济学理论中有关劳动分工等理论为基石逐渐产生和发展的。产业组织研究是为了考察某一产业的经济运行状况，以找到提高产业经济绩效相应的措施，并在此基础上构建现代产业组织理论的核心框架和基本范畴。

景德镇陶瓷文化产业组织是现代产业组织的一种特殊形态。景德镇陶瓷文化产业组织存在这种特殊性是因为其文化性和意识形态性，这是大多数产业组织都不具备的特性，因此，景德镇陶瓷文化产业组织与其他产业组织的市场绩效评估方法也是不同的。这都归因于在不同的国家制度形态下，景德镇陶瓷文化产业组织存在的差异性较大，这种差异性是由景德镇陶瓷文化产业组织所承担区别于一般的产业组织的社会责任和社会功能所决定的，而这又都取决于不同制度的意识形态下的文化背景和社会形态，以及不同国家对于文化的理解差异。因此，我们在研究景德镇陶瓷文化产业组织问题的同时，既要依照一般产业组织理论，又要统筹其文化的特殊性。

3.2.2　文化市场结构与市场形态

SCP 理论作为正统的现代产业组织理论，对市场结构、企业行为、市场绩效进行分析，构建了结构—行为—绩效分析框架。市场结构、企业行为和市场绩效相互作用、相互影响。市场结构是基础和前提，严密的市场结构会给企业创造一个安全稳定的运营环境，使得企业经营水平得到显著提高，从而推动整个市场绩效的提升；市场绩效也是一把"双刃剑"，市场绩效的好坏会对企业产生不同的影响，有时可能会产生一些负面影响，但有时也能促进市场结构的调整。市场结构是否合理、企业是否能顺利运营决定了市场绩效的优劣，好的市场绩效对企业和市场的发展会产生促进作用；反之，不好的市场绩效则可能给企业和市场带来不利影响。

（1）文化市场结构

在产业组织理论中，市场结构扮演着十分重要的角色，产业的市场结构指的是各个企业之间的合作关系、竞争关系、规模关系等。文化市场结构和其他市场结构无异，不同陶瓷企业同样也存在数量、规模上的关系，以及竞争关系。由于不同国家的文化背景不同，对文化市场的约束不同，所以文化市场结构也不相同。在中国传统体制的背景下，其形成的文化市场结构是较为单一的，因为文化市场的主体都依附于政府，每个主体都在政府的管控之下。在发达国家，文化市场结构也不尽相同，部分国家的文化市场主体完全不受政府的制约，但一些国家对市场主体的监管就比较严格，因此产生了文化市场主体的多元化。当然，只有多元化的文化市场主体的存在，才有建立较为完善的文化市场结构的可能。

文化市场形态是景德镇陶瓷文化产业在文化生命竞争样式上的空间表现。不同的景德镇陶瓷文化产业有不同的产品定位，他们生产差异化的产品，为消费者提供各式各样的文化服务，吸引各个层级的消费者进行消费，使得陶瓷企业之间的竞争方式以及与消费者的交易方式都较为多元化。基于景德镇陶瓷文化产业竞争形式的不同，衍生出形态各异的文化市场类型，例如，演出市场、电影市场、唱片市场等。由于不同产业的文化特点不同，文化市场对国家的影响程度也不尽相同，不同国家在就文化这个市场上所制定的政策与制度也不相同，所以不同国家、不同社会制度下的文化市场发展速度以及所达到的程度也有一定的差异。综上所述，不同国家对文化市场形态的划分是不同的，不同国家在文化市场的划分标准上也是有差异的，即便是同一个国家不同地区的文化市场，由于不同地区的发展差异也会使得其文化市场发展程度有所差异。因此，景德镇陶瓷文化产业的发展要根据景德镇的文化背景和地区发展做出相应的文化产品，迎合消费者的爱好，吸引各类消费者进行消费。

在产业组织理论的基础之上，根据企业的垄断程度可以将市场结构分为完全竞争市场、垄断竞争市场、寡头垄断市场和完全垄断市场。文化市场的结构也和这种结构一样。

第一，完全竞争文化市场。在这种文化市场结构中，企业之间的竞争没有任何的障碍，例如，英国和美国就是这种文化市场结构。处于这种文化市场中，一是文化生产厂商生产出产品的消费者数量众多，单个厂商生产的产品数量不会对文化商品在市场上的定价产生影响；单个消费者的需求也不会使得市场定价发生改变。二是市场上同一类型的文化商品在质量上几乎无异。三是人才、技术、产品等与文化相关的资源可以在文化市场上自由流动。四是在完全竞争文化市场中，信息较为对称，陶瓷企业之间、陶瓷企业与消费者的信息对等、透明，不同陶瓷企业之间通过互相交流、学习，得以不断提高陶瓷生产技术。对于消费者而言，也可以及时了解陶瓷产品的质量、类别、价格等信息。

第二，完全垄断文化市场。指的是文化市场中的某一个产业由一家大型企业集团完全控制，该产业中的文化产品的价格由该企业任意改变，没有任何其他因素可以影响企业的产品定价。在完全垄断文化市场中，一是文化商品的提供者只有这一个企业，消费者没有其他的选择，生产者在该产业处于完全垄断的地位，完全垄断了文化商品市场的生产等一切市场活动。二是在这种市场中，新企业难以进入，行业准入标准过高。三是产品的唯一性，找不到其他替代品，消费者没有其他的选择余地。

完全垄断文化市场这种市场结构的形成原因有很多：一是由规模经济效益促成的，例如，有些行业存在规模报酬递增的现象，但是一旦规模扩大，产出越来越接近投入，经济效益就会越来越低。二是由制度性安排形成的，例如，中国的电影市场有很长一段时间都处于这种文化市场结构中。制度性安排表现为某种市场受到地方政府的保护，允许一些企业拥有独家经营权，抵制其他企业进入某一文化市场。此外，一些企业难以进入市场的原因还在于某些特定企业受到著作权法的保护，垄断了某项文化产品的知识产权，使得其他企业失去了关于知识产权的竞争权利。

第三，垄断竞争文化市场。在垄断竞争文化市场这种市场结构中，垄断和竞争是同时存在的。一是同一类型的不同文化产品能够形成各自不同的特色，陶瓷企业以达成局部垄断为目的，以细分消费市场为手段寻找符合要求的消费市场来销售能够满足消费者需求的文化产品。二是新的陶瓷企业在该文化市场的进入壁垒较低，并有效获取信息。三是该文化市场结构中，文化市场企业数量众多，所生产的文化产品虽然存在差异性，但这些产品之间依然存在着一些竞争。

第四，寡头垄断文化市场。寡头市场的特点是每个企业的经营规模比较大，融资能力很强，资金流动性充沛，有较强的资源管理和整合能力，并且能够使得资源达到效率最大化。他们之间存在着有限竞争，可以相互促进，共同发展。因此，为了促进景德镇陶瓷文化产业的发展，鼓励寡头市场的形成是非常重要的。近代以来，寡头垄断市场得到飞速发展，各个公司、企业之间不断进行并购重组，促进了产业的发展和进步。文化市场中比较典型的有电视产业、唱片产业等。

寡头垄断文化市场既有优势，也有劣势。优势在于，经营规模比较大，资金实力强劲。一方面，企业可以利用自己的优势地位，实现资源的有效配置，达到规模化生产，提高产品质量，降低平均成本，不断发掘文化产品的内在价值，使企业文化产品在文化市场竞争中占据优势；另一方面，由于寡头之间存在着竞争，鼓励着各个企业集团为了抢占市场，不断创新和技术升级，景德镇陶瓷文化产业在竞争中得到发展。跨国景德镇陶瓷文化产业集团不断开发新的技术，制造新的产品，在竞争中占据优势和主导地位。劣势在于，由于寡头垄断，文化市场不是完全竞争的，文化资源得不到最优配置，自由流动也受到一定的限制。由于这种劣势，消费者利益无法最大化，这种情况就需要政府发挥作用。一方面，政府应该健全法律法规体系；另一方面，政府的有效监管也是必不可少的，从而给予国家文化安全保障，促进其健康发展。

社会经济制度和政治制度决定文化市场的结构。不同社会制度会形成不同的文化市场结构，相同社会制度的国家也会形成不同的文化市场结构，主要原因在于不同的历史文化传统以及不同国家对文化利益的关注程度的不同。中国的文化市场结构是具有中国特色社会主义的文化市场结构，受到公益文化事业和景德镇陶瓷文化产业的分类制约。

（2）影响文化市场结构形成的基本因素

从现代产业组织理论出发，文化市场结构形成的基本因素包括市场集中度、规模经济水平、文化产品差别化、产业进入与退出等。

市场集中度是对市场结构集中程度的一个评定指标，可以有效地反映市场结构，说明一个市场中的领头企业对市场的支配能力，进而反映出市场中企业之间的垄断和竞争关系。在文化市场中，市场集中度的高低没有好坏之分，而是在多种因素共同作用下形成的。如果卖方市场集中度较高，则表明小部分领头企业的市场占有率较高，小规模企业难以与之抗衡。少数陶瓷行业的领导者倚仗其较高的市场占有率，控制着文化市场上产品的价格，由于该市场极强的垄断性，导致竞争程度较弱，形成了卖方垄断市场。但凡事都有利弊之分，在这种市场环境下，小企业相对于大规模企业更能及时地应对市场变化，对其做出反应，如果小企业抓住机遇，此时则是其发展的绝佳机会。

文化产品差别化是指企业通过健全内部的经营管理体制，完善管理制度，实施差异化生产，突出自家产品相较于其他企业产品的优势，在市场竞争中取得消费者的认可，提高企业市场份额。中华书局就是一个典型的例子，它主要出版古籍学术著作，形成了自己独具特色的竞争优势，并成为该领域较为权威的出版机构，而这种权威并不是一开始就有的，是中华书局在发展经营过程中，得到了广大消费者的认可，从而形成了其权威地位。由于文化产品差别化，同一产业生产的文化产品难以被其他产品替代，使得企业在该市场中始终保持着其独有的竞争优势，这就体现了创新的重要性。景德镇陶瓷企业也应根据消费者的偏好，做出既符合自己特色又能获得消费者认可的产品，如果企业都保持通过文化产品差异化来进行经营和发展的想法，那么景德镇的陶瓷文化产业必然成为一个在整个国家具有特色和带头作用的景德镇陶瓷文化产业。

规模经济指的是随着生产厂商生产规模的增加而带来的产量的增加，使得企业获得更多的利益。一般来说，每种产品的生产都要求生产要素之间有一定合适的比例，这样才能实现效益最大化。因此，即便是生产同一产品，不同的生产要素比例投入也会引起经济效益的不同。但是，企业的目标往往都是追求利润最大化，所以在经营过程中，企业会不断增加生产要素的投入以提高生产效率、缩小生产成本、扩大企业规模。但在企业的管理经营过程中，企业生产规模的扩大又势必导致其他成本的增加，如果在增加投入的情况下，收益没有明显的提高，则企业又将面临规模不经济的状况，必然也会影响企业长期的发展。例如，在一个企业的起步阶段，企业资产较少且规模较小，各方面管理运营都不够完善的情况下，经营成本也较低，随着企业生产规模的扩大，其收益也在增加。当收益的增长幅度较生产规模更大时，此时，规模收益递增；当企业发展到一定程度时，市场占有率较为稳定，收益增长也趋于稳定状态，收益的增长幅度较生产规模基本一致，此时，规模收益不变；但当企业再继续扩大生产规模时，由于市场的饱和，企业的大规模生产超出市场的需求程度时，收益的增长幅度较生产规模更小，此时，规模收益递减。我国的国际商业演出票价就是一个很好的例子，演出规模小导致规模经济收益有限，为了提高规模经济收益，只能提高演出票的单价，来实现规模经济收益，但通过这种方式实现规模经济收益最终遏制了国际演出产业在我国的发展。因此，景德镇陶瓷文化产业要想实现其规模经济收益，就必须扩大其生产规模，实现规模经济收益的增长。

产业进入、退出壁垒是指，企业进入或退出某一市场的难易程度。企业在进入某一新市场时所碰到的阻碍称为"进入壁垒"，其中最主要的一种进入壁垒就是"市场准入壁垒"；企业在退出市场时同样也会碰到一些障碍，叫做"退出壁垒"。进入和退出这两种形式的市场行为在很大程度上导致了文化市场结构的不同形态。对于景德镇陶瓷文化产业来说，景德镇政府应该创造机会，适当放低市场准入标准，给那些想要从事景德镇陶瓷文化产业的或外来投资陶瓷企业的人更多的机会，降低新进企业的成本，扩大景德镇陶瓷文化产业的规模，使景德镇陶瓷文化产业的发展更多地促进景德镇经济的发展，彰显景德镇"瓷都"之名。同时，越来越多的企业投身于陶瓷市场中，也能充分发挥景德镇陶瓷文化产业在国家试验区建设中的引领作用。

由于各产业组织的基本要素都是在现代世界体系中运动的，国际和国家行为及其运动对于现代世界体系运动来说是不可或缺的因素。所以，现代产业组织各基本对象的运动都不可能脱离政府的干预，特别是作为政府干预资源配置基本条件的公共政策。从某种意义上说，产业组织是一定的公共政策的产物。这既是不同国家经济制度和体制具有差异的主要原因，也是造成我国产业组织与西方发达国家的产业组织存在比较明显的差距的原因。

3.2.3　陶瓷企业资本运营行为与市场绩效

企业资本运营行为和市场绩效是产业组织理论体系中最为重要的两个核心方面。陶瓷企业资本运营行为的目的有两方面：一是陶瓷企业作为市场的主体，在遵循市场运行规律的基础上，销售文化产品以实现企业利润最大化和资本增值；二是将被赋予文化内涵的文化产品销售给消费者，使得陶瓷文化得以传播出去。在市场竞争中，陶瓷企业是市场的主体，因此对陶瓷企业来说，产业组织理论也同样适用。

（1）陶瓷企业资市运营行为

企业行为是为了追求预期的经济目标。陶瓷企业资本运营行为指的是在市场的自我运作下，陶瓷企业为了提高市场占有率，努力提高企业的收益，进行一系列产品的战略性活动以适应消费市场以及消费者的实际需求，这些战略性活动包括产品的制作、创新、销售、扩大再生产、价格和企业收购兼并与集团化。其中，陶瓷企业的产品价格战略包括产品的定价标准、方式以及对不同类型的产品实行差异化的定价等内容，核心就是通过实施产品价格战略并采取有效的应对策略，使企业能够实现利润最大化，不断提高市场占有率。

陶瓷企业的产品战略是指实施产品差异化竞争，创新是关键。由于文化消费的群体不同，对文化产品的需求也较为多元，文化产品要想存活下来，在市场上占据一定的地位，就不得不在产品的形式和内容上进行创新，利用其差异化的竞争优势，提高产品的文化附加值，提高产品在市场上的竞争力，满足消费者的差异化需求。此外，陶瓷企业也可以获得更高的投资回报，维持较为稳定的市场份额，使企业在市场竞争行为中保持一定的竞争力以及市场影响力。

陶瓷企业的收购兼并与集团化战略是指陶瓷企业采取一系列文化资源整合以及文化资产重组的方式，使企业的市场竞争力得到提高，使企业更容易获得规模经济效益，增强资本实力，提高其市场份额，最终使企业的综合实力得到提高。其中，陶瓷企业的兼并可以理解为：陶瓷企业之间，在企业双方共同商榷达成共识之后，一方通过购买获取另一方的全部产权，被兼并的陶瓷企业被剥夺其法人资格；陶瓷企业的收购可以理解为：一方购买另一方企业的资产和股份的行为，后者成为前者的子公司，但保留后者的法人地位，以实现双方业务的战略组合。兼并和收购都是为了陶瓷企业能迅速扩大资产规模，提高其综合实力。

(2) 市场绩效

市场绩效通常指的是在一定的市场结构下，由于企业的一些市场行为导致最终经济结果的改变，包括收益、成本、产品种类、技术进步等。市场绩效反映了在一定市场结构和企业行为下市场的最终经济效果。

文化市场绩效有以下几点衡量标准：

第一，文化资源配置效率是否优化。文化资源配置效率包括利润率和文化资源再生率，是衡量文化市场绩效的关键性指标。鉴于景德镇陶瓷文化产业的经济性和公益性，其衡量标准也有所差异。从经济性角度出发，通过市场现有文化资源进行配置，利用文化资源的产业和企业利用率来衡量文化产品投入要素是否有效是最简单高效的方式。为了实现文化资源的有效配置，通常是在市场价格的影响下来达到想要的效果。从精神性的角度来看，文化产品还具有公益性的特征，衡量公益性文化资源的投入效率的标准较为复杂，包括居民满意度、居民人文素质提高程度、间接带动社会生产力提高的情况等，衡量这部分的标准就必须有庞大的实证数据以及理论分析来加以支撑。还有一些研究者提出建立文化资源再生率这一衡量标准。文化资源再生率是指新文化资源在总资源中所占的比值。之所以提出这一标准，是因为在最初对文化资源进行定义时，将"非物质文化资源"，如一些精神性的资源也包含其中。文化资源再生不同于其他资源的再生，它没法建立关于循环经济的体系，必须要求再生新的精神性资源，为往后的文化资源配置奠定坚实的基础。

第二，景德镇陶瓷文化产业的技术水平是否提高。景德镇陶瓷文化产业的发展程度与技术水平密切相关。产业技术进步对景德镇陶瓷文化产业的影响体现在，技术进步对陶瓷资源在陶瓷企业和产业的分布的影响、对文化创新和创意的影响、对文化生产率水平提高的影响等。景德镇陶瓷文化产业发展与技术进步相辅相成，技术进步在景德镇陶瓷文化产业的发展上发挥了重要的作用，而景德镇陶瓷文化产业的发展也促进了其技术水平的提高。

第三，景德镇陶瓷文化产业的规模结构效率是否提高。产业的规模结构效率既依赖于企业的分工合作，也与企业在规模经济中所处的阶段紧密相关。产业的规模结构效率主要体现在三个方面：一是经济规模能够达到的状态，即企业的经济规模与规模效率是否呈同步增减关系，比如，企业规模效率的增长是否跟上企业规模的扩大；二是在景德镇陶瓷文化产业中，能够实现规模经济或者近似接近规模经济的陶瓷企业的产量在整个陶瓷行业的占比情况，是否实现了预期的规模结构效率的提高；三是是否有效地利用陶瓷企业规模资源。部分陶瓷企业，尤其是大型国有陶瓷企业资源得不到有效利用，出现资源有效利用率低和企业产能过剩的情况。

第四，景德镇陶瓷文化产业组织结构是否合理。合理的景德镇陶瓷文化产业组织结构既要符合文化市场的需要和陶瓷企业经营过程中的实际需求，也要符合国家的产业政策。陶瓷企业应该自觉遵守景德镇陶瓷文化产业的相关准则，维护陶瓷文化市场秩序的稳定。

第4章

景德镇陶瓷文化产业健康发展的影响机制

4.1　景德镇陶瓷文化产业创新能力的
影响机制研究

　　为响应《景德镇国家陶瓷文化传承试验区实施方案》，景德镇政府编制了《陶瓷文化传承试验区专项规划》，针对景德镇陶瓷文化产业现阶段的发展"瓶颈"，给出系统可实施的方案。就产业创新来说，景德镇产业创新系统以景德镇陶瓷文化产业为核心，其属于一个多重反馈的开环系统，具体链路表现为：文化研究与开发、产品生产并进入市场、市场需求扩大、文化扩散、文化创新应用效果反馈并二次创新，在发展过程中形成创新主体群。在产业创新系统中，环节与环节之间需要有效结合，为此，协调不同环节上的利益主体就成为了文化创新机制所要研究与解决的问题。如协调效果突出，则能够有效推动文化创新成果的转化，并进一步扩散其影响力；如协调不当，则会引起资源浪费。协调效果的好坏取决于区域创新系统的发展状况。

4.1.1　景德镇陶瓷文化产业创新能力的界定

　　在进行景德镇陶瓷文化产业创新能力界定时，可以从广义与狭义两个角度进行定义。从狭义的角度来看，创新能力指的是文化产品或工艺从开发到转化为商业应用的能力。创新能力通过协调作用与综合力量进行产业文化突破，以文化创新与产业组织创新为基础依托，为产业创新与发展提供驱动力。从广义的角度来看，创新能力不仅包含了狭义创新能力的内涵，还包括景德镇陶瓷文化产业与相关产业成果扩散问题，对产业系统的整体发展状况更为关注。在广义的创新能力思想指导下，文化创新及创新扩散过程中还包括一些机构与政府对创新活动的引导及作用。在本书中，则以广义的创新能力为研究视角，指的是景德镇陶瓷文化产业发展所带动的产业发展、经济发展与社会发展的整体动态能力，表现的是一种宏观的效应。

谈到机制，往往是指本质之间的相互关系，以及本质间存在的条件的适应性、发生过程和联系方式等要素关系，包含关系可变性、关系存在性、关系变动过程、关系的关联形式等。对机制进行分析和研究的过程，必然离不开对其存在条件的探索，只有这样才能更加灵活地研究机制本身。产业化升级的文化创新研究方向也包括三大机制的研究，即外在的创新环境、创新的基本能力、转化创新成果的能力与影响力等。另外，还要进行其他三大事项的研究：首先，在产业升级进程中受到文化创新机制的主要影响方式及哪个环节受到了何种影响；其次，影响或联系间的逻辑关系，此部分的研究侧重一般性、抽象性内容，不涉及具体内容；最后，联系方式的变动以及存在的前提。

4.1.2 景德镇陶瓷文化产业创新实现的关系机制分析

产业、文化的讨论是不能在相同范畴中进行的，产业化和文化亦是如此。文化可以推动产业化，产业通过借助文化的力量实现资源配置形式的创新、变革。产业化过程为文化的存在提供了价值证明，文化则发挥了固有作用。文化研发、产品研发、生产能力研发以及市场开发是文化走向产业化的几大环节，即上述过程是对文化成果转化过程的描述，也意味着产业间在逐渐地融合。也就是说，文化要转变为成果，要确保成果拥有价值，能够实现商业化、市场化，并由企业开展规模化的生产或产业化布局，这才实现了升级的目标。

文化产业化、产业化升级受到文化创新的影响，从供给角度进行分析，我们可以发现：劳动生产率、产品质量、生产成本、生产文化基础等要素都可以由文化创新得以改良、优化，实现成本的节约。基于产业成果转化而研发得到的产品，将会催生出新的产业。文化创新没有止境，初期创新行为会影响到后续创新活动，后续创新活动可由初期创新行为派生，二者互补。所以，站在更广阔的视角来看，文化创新会产生新部门，而新部门又会催生其他部门，最终结果就是新型产业群的兴起。此外，传统产业工业系统、基础设施都是新产业群诞生的完美依托，为新产业群提供了坚实的基础。

在文化不断发展的过程当中，也同市场需求、经济需求进行了紧密的联系，对产业下游也产生了很大的影响，对下游有着催生促进的作用。显然，文化对整个市场都有着不可磨灭的贡献。在市场下游，文化创新依然拥有广阔的渗透、扩散空间，因此，即使是低端的传统文化产业，还是拥有不断改造的可能性，能够创造出新的市场价值。

可见，文化产业创新能力对产业化的形成发展十分重要，其机制表现为：文化要素受到文化创新的制约而实现了从低到高的发展。同时，新部门也因文化要素的提升而增加了收益，提高了文化的价值。新部门生产要素实现了配置变更，新兴生产要素也在不断地被创造出来，要素间的组合原则遵循高效率、高价值性。例如，在某部门采用了创新要素之后，此部门就因新文化的加入而创造出了新的产业。若此部门的新产业在服务需求、新文化产品上拥有广阔的市场需求量，那么其他的产业部门会大量出现，并相互交往。此外，在传统产业生产过程中，文化也有影响力。从区域经济角度进行分析发现，文化也会提升区域经济的产业层次与质量。景德镇陶瓷文化产业作为传统制造业，文化创新能力对其发展也起着重要作用。景德镇陶瓷文化产业也要和景德镇陶瓷文化相结合，促进景德镇陶瓷文化产业的升级，带动景德镇陶瓷文化产业在国家试验区的发展。

4.1.3　景德镇陶瓷文化产业创新能力的制约机制分析

目前来看，试验区创立以来，景德镇陶瓷文化产业的改造升级受到了景德镇陶瓷文化产业创新转化的深刻影响，为更好地阐明影响的机制，可以从初级产业化、高级产业化两个环节进行讨论。由科学研究与试验发展

（R&D）至文化创新的环节即为文化创新转化的初级形式，此环节为整个文化的转化工作提供了核心增长空间与增长基础。文化企业与 R&D 机构是初级环节的主要参与者，文化企业从 R&D 机构中获得新文化。在转化期间，文化是核心增长要素，景德镇文化企业生产中的其余要素，如原材料、劳动力、资金等都是辅助要素，都受到文化创新的影响。

在完成了基本的转化之后，接下来进入高级环节——创新扩散至结构升级。在高级环节，生产工作中需要应用到文化创新成果，经济同文化实现了结合，文化在飞跃中走向了产业化。当然，要实现质的改变，还需要不断积累，才能巩固文化创新的地位。文化只有在其他的行业不断地扩散，推动其他行业文化进步，才可以说是文化产业化，才能从整体上促进区域乃至国民经济的发展。从以上讨论得知，产业文化的改善、社会需求结构的提升是文化产业化的高级环节的主要着力点，这为产业升级提供了坚实的优化基础。在高级化路径中，必然有三大影响：首先，创新模仿、文化成果转让等是文化产业化的常见方式，这为产业提供了壮大自身的可能；其次，改造升级传统文化产业是高级化的目标，在关联产业中引入文化创新，或者在原产品中引入文化创新，此类行为都从根本上提升了生产效率，节省了劳动力投入，改进了生产效能，有利于产业的升级改造；最后，不断出现的新兴产业群。由于社会需求、劳动生产率的变动，而催生了新兴产业群。传统文化产业会受到文化创新的产业化而壮大自身力量、升级生产，新的产业群也因文化产业化而诞生。在文化产业化或创新转化的过程中，经济环境、制度环境都会发生不同程度的改变。

景德镇陶瓷文化产业的产业化或创新成果的转化之路不仅催生了新兴的产业群，升级改造了传统产业生产，壮大了文化产业的规模。同时，后者也会对文化产业化产生影响，如文化生产基地、资金、市场等创新要素的支撑。由此可见，受到文化产业化或转化的影响，将产生新的文化产品，而新的文化产品的出现又将成为文化产业化或转化的基础，二者相互促进、相互联结，在产业的升级道路上不断支撑前进。要紧紧就试验区的战略定位，将体制机制不断创新作为核心，开创出一条具有景德镇特色的传统文化传承创新发展的新道路。

4.2　文化产业创新能力对产业升级的影响效应
——以景德镇陶瓷文化产业为例

4.2.1　问题的提出

张治河等（2015）通过对奥斯陆手册中指标体系的借鉴，采用模糊评价和内核密度分析等方法，对 21 个城市战略产业创新能力进行了探讨，认为产业创新能力符合随着时间的推进，呈现类似于蠕虫爬行的演化路径。刘继兵等（2015）通过对 2009~2013 年 356 个产业样本进行分析，探索了制度环境对产业创新能力的影响效应。赵志耘等（2013）则通过实证研究，探索了 2005~2010 年高技术产业创新效率，特别是技术引进、企业规模对产业创新能力的影响，研究表明，知识存量对于产业创新以及产业演化的影响不够显著。周明等（2011）通过对 1998~2006 年产业统计数据分析，利用空间面板数据研究工具，分析了产业集聚以及知识溢出对产业创新产出和产业转型的影响。

从目前的研究来看，对产业创新能力的研究已经涉及较多，但关于产业创新能力探索对于产业升级的影响则较少。而实际上，产业升级过程中，产业创新能力显然是至关重要的。针对产业创新能力与产业升级之间的影响机制，国内不同学者有不同的观点。相关学者的研究角度多拘泥于现状分析、结构分析和静态的定量研究，很少有从时间序列来展开的研究。当前，我国已进入文化产业所代表的 3.0 时代，文化产业的重要性日益凸显。作为特殊的文化与经济形式，特别是在互联网的助力下，文化产业对大众创业、万众创新的推动作用更为明显。

景德镇作为具有千年文化底蕴的地区，目前已经并正在形成以景德镇陶瓷文化产业为主体，以旅游、娱乐、演艺、会展等产业为辅助的文化产业发展的全新格局。2014 年，景德镇陶瓷文化产业同比增长 18.2%，法人单位主营业务收入达到了 115 亿元；实现产业增加值 36 亿元，同比增长了 16%，其增加值占 GDP 的比重比江西省全省水平高 1.7%，在景德镇市"十三五"规划中，到 2020 年，文化产业增加值将突破 100 亿元。一方面，景德镇陶瓷文化产业正通过自身的不断完善和提升，成为江西乃至全国文化产业发展过程中不可或缺的组成部分，为文化产业的快速发展贡献着不容小觑的力量。另一方面，景德镇传统文化产业的比重过大、资源利用不均衡、产业化水平不高、文化服务业比重较低、文化人才较为匮乏等因素制约了景德镇陶瓷文化产业的进一步快速发展，特别是景德镇陶瓷文化产业创新能力较低，导致"一带一路"倡议下的文化产业转型升级较为困难，面对"十三五"规划的开局之年，景德镇作为千年瓷都，其文化产业获得了前所未有的广阔发展空间，如何厘清景德镇陶瓷文化产业创新能力与产业转型升级之间的关系已经显得较为迫切，产业升级路径亟待解决，对其他地区文化产业升级也有重要的理论与实践意义。

4.2.2 景德镇陶瓷文化产业创新能力对产业升级影响的实证分析

4.2.2.1 指标选择

构建文化产业创新能力和产业升级测度指标体系需要同时符合动态优化和可持续性的要求，这是由于文化产业发展具有不平衡性和文化要素禀赋不尽相同，文化产业创新能力的界定和产业结构往往处于动态变化，需要符合产业结构高度化与合理化的要求。同时，可持续性是文化产业的基本内涵，产业创新能力和升级必然要提高产品附加值以减少资源消耗，保护文化遗产，推动可持续发展和优秀文化传承的实现。文化产业是 21 世纪以来发展极快的新兴产业，当前没有合适的专门性指标体系来进行评价和计算，国内外学者对于文化产业的统计口径也不尽相同。本书从相关文献研究出发，借鉴钟廷勇等（2015）、彭勇平等（2015）、胡慧源（2015）等学者的变量选取与指标设置，采用业界认可度较高、便于推广的指标来描述景德镇陶瓷文化产业创新能力与产业升级的具体情况。从文化产业创新能力的培养轨迹来探讨，我们发现，这一能力可以以文化创新效率、文化创新成果转化效率来测度。而产业结构高度化既是产业升级的主要测度指标，也是产业升级最为关键的组成部分；产业升级活动必然存在资源的流动，必然与这个主要环节密切相关。产业结构高度化则可以通过占 GDP 比重、产业结构效益系数、技术集约化程度、产业超前系数来计算。同时，从文献研究发现，这两个指标的数据经过学者们多年的探讨，已经较为成熟，信度和效度都较高。

4.2.2.2　数据的来源与处理

考虑到数据可得性和统计可行性，本书选择景德镇市 1994~2013 年的文化创新效率、文化创新成果转化效率、文化产业结构高度化（占 GDP 比重、产业结构效益系数、技术集约化程度、产业超前系数）来进行变量相关性的探讨，其数据均来自于相应年份的景德镇市投入产出表、景德镇市统计年鉴，考虑到数据来源的完整性、可靠性和获取成本，本书选取代码 87135 文化艺术的数据作为景德镇陶瓷文化产业数据。数据直观分析发现，景德镇陶瓷文化产业在 1994~2013 年的 20 年内，文化创新效率、文化创新成果转化效率、文化产业结构高度化这三大指标均呈明显上升趋势，变化趋势基本相同，特别的是，在 2003 年前后三大指标均出现了明显的飞跃。因此，从数据变化趋势初步能够判断出三大指标之间存在线性的相关性。当然，这一初步分析的结果还需要通过统计定量分析来进行验证。另外，根据统计学基本原理，为了消除数据的异方差影响，必须对三大指标变量进行对数化处理。

4.2.2.3 各变量的相关性分析

为了更便利地处理时间序列数据，本书借助 Eviews 统计分析软件来计算文化创新效率、文化创新成果转化效率、文化产业结构高度化三大指标的相关性关系。研究表明，景德镇市 1994~2013 年的时间序列数据相关性较为明显，文化创新效率、文化创新成果转化效率、文化产业结构高度化三大变量之间相关性系数均在 0.9 以上，三者均为强相关关系。基于三大变量的相关性结论，本书将继续通过平稳性检验（ADF 检验）、协整检验（Johansen 检验）和格兰杰因果关系检验（Granger 检验）来探讨景德镇文化创新效率发展与产业升级之间的关系。

4.2.2.4 基于时间序列的实证研究

（1）平稳性检验（Fisher-ADF 检验）

一般而言，时序数据在进行协整性检验之前必须进行平稳性检验，以判断变量的单整性。对时间序列数据进行平稳性检验的方法较为典型的就是 ADF 检验。本书对 1994~2013 年景德镇文化创新效率、文化创新成果转化效率、文化产业结构高度化三大变量的水平值、一阶差分、二阶差分进行 ADF 检验。研究表明，文化创新效率、文化创新成果转化效率、文化产业结构高度化三个变量的对数变量都是非平稳的，一阶差分、二阶差分后的变量中文化创新效率、文化创新成果转化效率和文化产业结构高度化均是平稳的，说明各变量均有一阶单整性和二阶单整性，后续协整性分析由此存在可能性，变量之间可能具有协整性关系。

（2）协整检验（Johansen 检验）

本书对 1994~2013 年的文化创新效率、文化创新成果转化效率和文化产业结构高度化的数据进行协整检验。研究发现，在进行迹统计量检验之后，在不存在协整向量的假设中，其值为 42.75715，而 0.05 显著性水平下的临界值为 24.27596，P 值为 0.0001，原假设被拒绝。在 At most 1 假设中，迹统计量的值为 8.411058，而 0.05 显著性水平下的临界值为 12.32090，P 值为 0.2065，原假设被拒绝。我们对最大特征值进行检验后能够得出同样的结果。因此，三个时序变量之间存在协整关系，不存在伪回归。

（3）格兰杰因果关系检验（Granger 检验）

通过 Johansen 协整检验，我们发现景德镇文化创新效率、文化创新成果转化效率和文化产业结构高度化三个变量存在协整关系，也即是表明这三个变量存在着长期均衡的关系，但是无法判断出三者的因果关系，因此还需要通过 Granger 检验来分析，Granger 检验方法能够清晰地判断出一个变量对另一个变量的影响。三个时序变量的 Granger 检验结果表明（P 值为 0.6707、0.5112、0.7175、0.3493），文化创新成果转化效率不是文化创新效率的格兰杰原因、文化创新效率不是文化创新成果转化效率的格兰杰原因、文化产业结构高度化不是文化创新效率的格兰杰原因、文化产业结构高度化不是文化创新成果转化效率的格兰杰原因等原假设均不能拒绝，而文化创新效率不是文化产业结构高度化的格兰杰原因的原假设、文化创新成果转化效率不是文化产业结构高度化的格兰杰原因的原假设由于 P 值为 0.0074 和 0.0457，在 0.05 显著性水平下，这两个假设均不成立。

因此，本书最终得到的研究结果就是，在 0.05 显著性水平下，文化创新效率和文化创新成果转化效率是文化产业结构高度化的格兰杰原因，也就是说，前两个时序变量能够影响后一个时序变量的变动。由此可以得出，景德镇文化创新效率的快速发展能够有效推动产业升级的提升。

（4）基于 VAR 模型的实证研究

VAR 模型中的变量已经用格兰杰因果关系检验确定了相关性关系。运行 eviews 软件，对文化创新效率、文化创新成果转化效率和文化产业结构高度化分别建立 VAR 模型。根据前文的平稳性检验（Fisher-ADF 检验）可知，本次建立的两个 VAR 模型均是稳定的。

当分别给予文化创新效率和文化创新成果转化效率一个正向冲击之后，当期文化产业结构高度化均开始不断增加。另外，从图 4-1 和图 4-2 分别可以看出，景德镇陶瓷文化产业结构高度化的增长主要来自文化创新成果转化效率（22%左右）和文化创新效率（70%左右）的影响。显然，文化产业结构高度化增长也受到其他变量的影响，但是其他控制变量对文化产业结构高度化的影响较小，因此在本书中 VAR 模型未考虑其他变量的干扰。

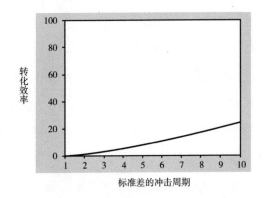

图 4-1　文化创新成果转化效率对文化产业结构高度化的贡献率

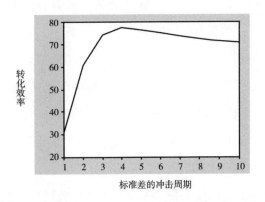

图 4-2　文化创新效率对文化产业结构高度化的贡献率

第5章

景德镇陶瓷文化产业生态健康发展的基本路径

5.1　加快推动国家文化出口基地建设

根据《国家文化出口基地管理办法（试行）》《国家文化出口基地考核评价制度（试行）》和《商务部办公厅　中央宣传部办公厅　文化和旅游部办公厅　广电总局办公厅关于组织申报第二批国家文化出口基地的通知》（商办服贸函〔2021〕106 号）要求，商务部、中央宣传部、文化和旅游部、广电总局组织开展了第二批国家文化出口基地认定工作。经地方申报、第三方专业机构基础评价、专家评审和有关部门复核等程序，初步认定 16 个行政区（功能区）为第二批国家文化出口基地。其中，景德镇市国家文化出口基地获批。

5.1.1　景德镇国家文化出口基地概况

景德镇历史悠久，文化底蕴厚重，是国务院首批公布的 24 个历史文化名城之一，历史上曾与广东佛山镇、湖北汉口镇、河南朱仙镇并称全国"四大名镇"。

景德镇因瓷而兴，因瓷而名，是享誉中外的千年古镇、世界瓷都，有着无比灿烂辉煌的陶瓷历史。景德镇古称"新平""昌南"。史料记载，"新平冶陶，始于汉世"。景德镇的陶瓷史，最早可追溯至 1700 余年前的东汉时期，北宋景德年间（公元 1004 年）因该地所制御瓷深为宋真宗喜爱而获赐名景德镇，从此景德镇名扬天下。千百年里，景德镇陶瓷业始终秉着精雕细琢、精益求精的精神和海纳百川、开放包容的态度，终成就景德镇世界瓷都千年辉煌，"汇天下良工之精华，集天下名窑之大成""有明一代，至精至美之瓷，莫不出于景德镇"。景德镇陶瓷"行于九域，施及外洋"，沿着海上陶瓷之路，和茶叶、丝绸成为中国三大最具代表性的文化贸易商品，为我国赢得"瓷之国"的美誉，也让景德镇收获了"瓷都"的称号。

陶瓷赋予景德镇无与伦比的文化象征性与影响力，厚重的陶瓷文化让景德镇成为中华优秀传统文化的杰出代表。景德镇被西方国家称为中国最早的手工业城市，在古代西方的中国地图上，标注的中国三座城市就有景德镇。2014年12月，景德镇荣获联合国教科文组织授予"世界手工艺与民间艺术之都"称号，并加入全球创意城市网络。在当前我国坚定文化自信、实现文化复兴，建设社会主义文化强国的伟大征程中，党中央、国务院高度重视景德镇陶瓷文化的传承保护与创新。2018年10月，中国国务院批复同意设立景德镇国家陶瓷文化传承创新试验区，这是国务院批复设立的全国首个文化旅游类试验区。2019年5月，习近平总书记视察江西时作出重要指示，要求"建好景德镇国家陶瓷文化传承创新试验区，打造对外文化交流新平台"。2020年6月，国家文化和旅游部正式批复同意设立景德镇陶瓷文化生态保护实验区，这是以景德镇陶瓷文化生态的整体性保护为基本目的而建立的专门性的文化生态保护区。

为深入贯彻习近平总书记重要指示精神，认真落实《景德镇国家陶瓷文化传承创新试验区实施方案》的有关要求，江西省专门成立由易炼红省长担任组长的景德镇国家陶瓷文化传承创新试验区建设领导小组，切实加强对试验区建设的统筹协调。当前，景德镇市正按照景德镇国家陶瓷文化传承创新试验区建设三年行动计划，投资1035亿元，启动实施36平方千米的"一轴一带、五区多点"的核心区建设，通过在陶瓷文化保护传承、景德镇陶瓷文化产业创新发展、陶瓷文化旅游、国际交流合作等方面共152个大项目推动试验区建设的整体提升。建好景德镇国家陶瓷文化传承创新试验区，让中国陶瓷文化与世界文化相融，成为共建"一带一路"国家文化交流的重要载体、对外展示中华陶瓷文化魅力的名片、传递中国声音的窗口、讲好中国故事的平台，这是党与国家赋予景德镇的光荣使命。

　　近年来，景德镇依托深厚的陶瓷文化遗存，按照"复兴千年古镇、重塑世界瓷都、保护生态家园、建设旅游名城，打造一座与世界对话的城市"的发展定位，打造"一带一路"文化重镇，推动文化产业蓬勃发展。2019 年，景德镇市文化及相关产业增加值达人民币 61.46 亿元，同比增长 9.0%。其中，文化核心领域增加值人民币 52.97 亿元，占景德镇市文化及相关产业增加值比重为 86.2%；文化及相关领域增加值 8.49 亿元，占比为 13.8%。文化及相关产业增加值占 GDP 比重为 6.7%，高出江西省 2.7 个百分点，占比位列江西省第一。2019 年，景德镇市专利申请 622 件，比上年增长 53.6%；授予专利权 261 件，增长 121.2%。有效专利 358 件，每万人口发明专利拥有量 21.30 件。当前，景德镇文化产业基本形成以陶瓷文化创意为主体与核心特色，文化旅游业、会展业、特色演艺业、传媒业等多业并举的发展格局，在产业发展体系、文化产品贸易与交流、文化产业项目推进与政策扶持等方面，景德镇文化产业发展尤其是景德镇陶瓷文化产业呈现出一片欣欣向荣的发展态势。

　　（1）文化产业体系发展渐趋完善

　　在产学研主体、文化创意展示平台、文化资源和文化创意人才资源等方面，景德镇文化产业体系发展渐趋完善。

　　一是不断健全的产学研主体。其中，各类陶瓷企业、作坊、工作室等文化创意产业实体 6773 家，规模以上文化企业 101 家。国家级文化产业示范园区 2 家、国家级文化产业示范基地 2 家、省级文化产业示范基地 17 家，省级文化出口基地 1 家（见表 5-1）。拥有景德镇陶瓷大学等陶瓷文化教育高等学府，国家日用及建筑陶瓷工程技术研究中心和国家、省、市三级陶瓷研究所等科研机构。

　　二是众多的陶瓷文化创意展示平台。景德镇形成了众多的陶瓷文化创意展示平台，其中以中国景德镇国际陶瓷博览会、2722 家陶瓷艺术家工作室、8 家非物质文化遗产生产性保护基地为核心平台以及包括中国陶瓷博物馆、湖田民窑博物馆等在内的 15 家陶瓷文化博物馆等为主体。

表 5-1 景德镇市省级以上示范园区、示范基地一览表

类别	名单
国家级文化产业示范园区	景德镇市陶溪川文创街区
	景德镇陶瓷文化博览区
国家级文化产业示范基地	景德镇法蓝瓷实业有限公司
	景德镇佳洋陶瓷有限公司
省级文化产业示范基地	景德镇哈哈尼陶瓷文化发展有限公司
	景德镇市三宝陶艺研修院
	景德镇市雕塑瓷厂
	景德镇浩瀚创意文化产业发展有限公司
省级文化产业示范基地	景德镇鼎窑瓷艺文化传媒有限公司
	景德镇春涛包装有限公司
	景德镇市望龙陶瓷有限公司
	景德镇市真如堂陶瓷有限公司
	景德镇陶邑文化发展有限公司
	景德镇国信创业投资管理有限公司
	景德镇陶瓷工业园区（陶瓷名坊园）
	景德镇熊窑瓷业有限公司
	景德镇陶瓷股份有限公司
	景德镇宁封窑陶瓷文化发展有限公司
	景德镇市名镇天下陶瓷文化创意有限责任公司
	景德镇逸品天合陶瓷有限公司
	景德镇正源文化产业发展有限公司
省级文化出口基地	景德镇市昌南新区文化出口基地

三是丰富的陶瓷文化旅游景区与文化遗存资源。包括以古窑民俗博览区为代表的文化景区和遍布全城的"三洲四码头，四山八坞，九条半街，十八条巷，一百零八条弄"、"十大瓷厂"老厂房、"陶舍重重倚岸开，舟帆日日蔽江来"、"陶阳十三里，烟火十万家"、景德镇陶瓷博物馆、陶溪川、三宝

瓷谷等丰富的文化遗存。

四是充裕的陶瓷文化创意人才资源。当前，景德镇有中国工艺美术大师37 人、中国陶瓷艺术大师 43 人，中国陶瓷设计艺术大师 35 人、江西省工艺美术大师 120 人、江西省陶瓷艺术大师 60 人、景德镇市工艺美术大师 26 人、非物质文化遗产代表性传承人 874 人，高级以上职称的陶瓷人才 2000 余人，以及"景漂""景归"约 3 万人（见表 5-2）。

表 5-2　景德镇陶瓷文化创意人才情况

级别	人才称号	数量（人）
国家级大师	中国工艺美术大师	37
	中国陶瓷艺术大师	43
	中国陶瓷设计艺术大师	35
省大师	江西省工艺美术大师	120
	江西省陶瓷艺术大师	60
市大师	景德镇市工艺美术大师	26
其他	中国技能大奖	1
	全国劳动技术能手	7
	全国陶瓷行业技术能手	26
	江西省技术能手	57
	"赣鄱英才 555 工程"高技能人才领军人物	14
	非遗传承人	874

（2）文化产品贸易与交流彰显活力

自汉代出口以来，景德镇陶瓷已遍布世界各地，是世界认识中国、中国走向世界的重要文化符号和中华优秀传统文化的重要载体。"建好景德镇国家陶瓷文化传承创新试验区，打造对外文化交流新平台。"这是习近平总书记为景德镇发展标定的历史方位、擘画的美好蓝图。近年来，景德镇市积极发展文化贸易，推动国际文化交流，深入推进景德镇共建"一带一路"重要节点城市、打造中外文明交流互鉴重要桥梁，进一步推动景德镇建设，成为对外展示中国文化的新名片、讲述中国故事的新舞台、传递中国声音的新窗口。

一方面，景德镇市积极探索开放型经济建设，着力打造经贸合作平台，外贸出口保持了高速增长。2020 年，在新冠肺炎疫情和国际经济衰退的双重压力考验下，景德镇市文化产品贸易逆势上扬，文化产品出口达 20.10 亿元（包括供货出口），增长 60.7%；产品出口美国、墨西哥、德国、法国、西班牙、意大利、英国、日本、新加坡、沙特、阿联酋等 60 多个国家，其中出口"一带一路"沿线国家达 14.66 亿元，占比 72.93%；文化出口产品以陶瓷工艺美术品、创意陶瓷摆件、创意陶瓷饰品为主，出口额分别为 8.72 亿元、2.10 亿元、1.89 亿元，分别占全部文化产品出口比重 43.38%、11.0%、9.40%，以上三类产品占到文化产品出口总额的 63.78%。陶瓷文化成品成为景德镇文化出口贸易逆势增长的核心驱动力，凸显了景德镇国家陶瓷文化传承创新试验区的建设成效。近年来，随着"互联网+"等新兴业态的快速发展，景德镇积极推动"陶瓷+互联网"的融合，促进了景德镇电子商务爆发式增长，网商指数列全省首位。截至 2020 年全市从事陶瓷电商的企业 9847 家，在淘宝、天猫、京东等全国各第三方交易平台注册，并产生交易的陶瓷网店有 50148 家。插上电子商务的翅膀，景德镇陶瓷尤其是创意陶瓷产品贸易进入了新阶段，每年来自世界各地的外贸订单上亿美元，一个全球陶瓷采购中心正在这里崛起。

另一方面，多年来景德镇市扎实推进以陶瓷文化为核心的多样化的国际文化交流。一是办好"永不落幕"的中国景德镇国际陶瓷博览会。从 2004 年开始，景德镇连续 17 年成功举办"中国景德镇国际陶瓷博览会"，通过开展国际性、多元化的文化交流、展示推介等活动，全方位策应"一带一路"建设，成为深化贸易合作、扩大人文交流、展示景德镇世界瓷都形象的重要会展品牌。二是积极打造国际化的高端交流合作平台。景德镇市以瓷为媒，先后与"一带一路"沿线国家的 21 个产瓷城市建立了友好城市关系，进行国际文化交流与合作；中欧可持续城镇化合作项目落户景德镇，将有利于充分发挥景德镇的历史、文化、品牌、生态价值，打造"国际范儿"的品质城市。三是通过系列活动，积极推动陶瓷文化走出去，向世界讲述中国故事。2018 年 7 月，在南非举办"感知中国·丝路瓷行"中国景德镇陶瓷文化展，展示了中国陶瓷的精妙绝伦与博大精深，唤起了南非民众对中华文化的美好向往。2019 年 10 月，在克罗地亚举行的"丝路瓷行——中国陶瓷文化展"，是景德镇中国陶瓷博物馆 2019 国际巡展的第二站，也是文化和旅游部"中国和克罗地亚文化和旅游年"框架项目之一。2019 年 12 月，"丝路瓷行——陶瓷传统成型技法现场展示活动"在希腊雅典扎皮翁宫国家博物馆开幕，100余件陶瓷作品以文化交流使者的身份闪亮登场，为希腊瓷器爱好者奉上了一席精美的中国瓷文化盛宴。四是积极开展学术研讨交流活动。加强与陶瓷类、艺术类、智库类机构合作，扩大与海外中国文化中心、孔子学院等机构交流。与国外中小学校、艺术院校建立联系，广泛开展国际陶瓷学术研究、国际游学研学等活动。据不完全统计，景德镇每年开展政府、科研院所、民间社团等不同形式、不同规模的对外交流活动多达上千场。

（3）文化产业项目推进有序、保障政策渐成体系

以大力推进景德镇国家陶瓷文化传承创新试验区建设为契机，景德镇文化产业项目有序推进，保障政策渐成体系。

一方面，根据 2019 年发布的《景德镇国家陶瓷文化传承创新试验区实施方案》，2019~2021 年，景德镇将有序推进重点项目 152 个，总投资约 1035亿元，项目主要布局在陶瓷文化保护传承创新、产业创新、陶瓷文化旅游、人才队伍建设与国际交流与合作等方面。其中，在保护传承创新方面，以推进御窑厂遗址申报世界文化遗产为龙头，加快御窑厂国家遗址公园、城区老瓷厂改造，编纂陶瓷文化典籍文献，建设御窑厂等重要遗址的考古和研究纳入考古中国项目、国家古陶瓷研究修复中心等一批传承项目建设；在产业创新发展方面，以陶科园为主阵地，加快名坊园、陶瓷智造工坊、洛可可设计

谷等一批产业项目建设，做大做强景德镇陶瓷集团；在陶瓷文化旅游方面，以创建国家全域旅游示范区为引领，做大做强陶文旅集团，加快建设以陶阳里、陶溪川、陶源谷为代表的一批最具魅力、最有特色的文旅项目；在加强人才队伍建设方面，规划建设集陶瓷人才培养、陶瓷艺术创新、陶瓷科技研发、陶瓷文化交流、陶瓷创客创业为一体的"陶大小镇"，实施景德镇陶瓷大学湘湖校区扩建工程、江西陶瓷工艺美院搬迁、景德镇市高级技工学校新校区等项目建设；在国际交流合作方面，全面融入"一带一路"，积极参与"感知中国""今日中国"等国家文化品牌活动，加快建设国际陶瓷文化交流中心、景德镇凤凰·世界传承文化中心等一批重大文化项目。

另一方面，围绕促进文化产业发展与景德镇国家陶瓷文化传承创新试验区建设，保障政策渐成体系。一是江西省委、省政府部门的指导意见与支持政策，包括：《中共江西省委 江西省人民政府关于贯彻〈景德镇国家陶瓷文化传承创新试验区实施方案〉的意见》《江西省工业和信息化厅关于支持景德镇国家陶瓷文化传承创新试验区产业集聚发展的若干措施》等；二是景德镇国家陶瓷文化传承创新试验区自身相关的政策文件，包括《景德镇国家陶瓷文化传承创新试验区实施方案》《景德镇国家陶瓷文化传承创新试验区建设 2020 年前工作要点》《景德镇市人民政府关于加快推进景德镇保税物流中心（B 型）和景德镇陶瓷文化保税展示交易平台建设的实施意见》等；三是景德镇市文化产业发展的政策文件，包括《关于印发〈国家级景德镇陶瓷文化生态保护实验区管理办法〉（试行）的通知》《景德镇市创建全国版权示范城市实施方案》等。

5.1.2 发展思路、目标与规划

（1）总体思路

以习近平新时代中国特色社会主义思想为指导，围绕提升国家文化软实力与影响力核心目标，全面贯彻党的十九大精神和十九届二中、三中、四中与五中全会精神，认真践行坚定文化自信与开放发展新理念，落实"一带一路"倡议，更加注重传统与现代、艺术与技术、文化与经济、事业与产业、民族和世界的结合，创新文化产业发展的体制机制，创新推进文化出口与国际传播，培育具有国际竞争力的文化企业，促进形成具有较强辐射力的国际文化交易平台，带动文化贸易规模增长与结构优化，推动文化产业高质量高水平发展，把更多具有中华优秀传统文化元素和景德镇特色的优秀文化产品和服务推向世界，努力把景德镇建设成为具有鲜明特色和国际影响力的国家文化出口基地。

（2）发展目标

力争到 2023 年，培育一批具有较强国际竞争力的文化企业和文化出口品牌，建设若干具有较强带动作用的国际文化交易平台，形成一套具有较强示范作用的文化贸易创新发展模式，推动全市文化产业国际化水平不断提升，促进文化出口基地建设取得显著成效高质量发展，景德镇文化软实力进一步增强，努力在国家文化出口基地建设中走在前列。

一是文化产业规模稳步扩大。到 2023 年，力争文化及相关产业增加值增长到 90 亿元以上，文化及相关产业增加值占 GDP 比重增长到 8%以上，文化服务贸易企业数、文化出口额等指标年均增长 10%以上。

二是文化产业特色更加鲜明。进一步做强特色文化和文化旅游产业，不断扩大陶瓷文化创意与设计、跨境电商、国际传播交流、文化旅游等新兴文化服务领域的出口规模，提升高科技、高附加值文化产品出口占比。

三是文化产业竞争力显著增强。文化市场运行管理机制更加完善，文化消费较快增长，以陶瓷为特色的文化产业转型升级、创新提升，一批具有示范带动效应的重点文化产业项目有效实施，一批集聚功能和辐射作用明显的文化产业园区基本建成，一批文化出口企业做大做强。到 2023 年，力争培育出口 5000 万美元以上的文化出口龙头企业 1~3 家；出口 500 万美元以上具有品牌影响力和较强示范作用的文化出口骨干企业 10 家以上；出口 100 万美元以上具有培育潜力的文化出口优质企业 50 家以上；省级以上文化出口重点企业（重点项目）20 个以上。

（3）基本原则

一是坚持服务大局。服务"一带一路"合作倡议，以及中部地区崛起、长江经济带、江西内陆开放型经济试验区、景德镇国家陶瓷文化传承创新试验区等国家重大区域发展战略大局，突出区域特色。

二是坚持纵横联动。加强统筹协调，实现横向协作、纵向联动，不断完善体制机制，加大政策支持力度，营造有利于文化贸易的高质量发展环境。

三是坚持创新引领。注重文化内容、商业模式、平台载体、体制机制等方面的创新，推动文化产业智能化、数字化发展，支持新业态、新模式加快发展，鼓励文化与其他领域跨界融合发展。

四是坚持集聚发展。促进文化要素集聚，推动文化产业链上下游企业分工协作，提高效率，激发社会活力，提升文化产品与服务出口竞争力，让更多体现中华文化特色、具有较强竞争力的文化产品与服务走向国际市场。

五是坚持总量提升与质量优化相结合。支持文化企业发展壮大，鼓励文化企业积极开拓国际市场，扩大文化出口总量，引导文化企业创新发展模式、优化出口结构，推动景德镇市文化产业整体规模不断扩大、综合实力显著提高；努力提升文化出口质量水平，促进经济结构调整和产业转型升级，实现景德镇市文化产业整体规模的不断扩大和竞争力的显著提高。

六是坚持政府引导和企业主导相结合。积极构建机制灵活、优势突出的政策体系，充分发挥企业在文化贸易多元化发展中的主体作用，营造有利于文化产业和文化贸易发展的良好环境。建立和完善有利于文化产业和文化贸易发展的政策体系，构建机制灵活、优势突出的文化贸易多元化发展格局，营造对外文化贸易发展的良好环境。调动企业的积极性，充分发挥企业创新发展、提质增效的主体作用，做大做强景德镇文化贸易。

5.1.3　实施内容

（1）健全工作机制

建立完善责任落实机制、领导包干推进机制、基层一线推进机制、问题解决机制、调度督导机制，形成刚性约束，层层传导压力，从根本上解决"不落实、落不实"的问题，营造高效有序的文化出口基地政务环境。

建立完善责任落实机制。要建立责任清单制度，对确定的重大工程、重点项目、重要事项，都要明确进度、挂图作战、强势攻坚。要实行限时办结制度，重点工作任务要限定办结时限，并定期报告阶段性成效。要坚持"工作项目化、项目责任化、责任具体化"，将各项工作任务分解成具体目标，使每项工作、每个环节都有明确的责任主体，将工作任务和压力逐级传导到每个岗位、每个人，做到事事有人管、人人有责任。

建立完善领导包干推进机制。要继续完善落实领导包干推进制度，市级领导要带头包干县市区、企业和项目，做到真包真干。尽快开通"市级领导直通车""局长直通车"，建立镇街党（工）委书记、镇长（主任）与市级领导、市直部门主要负责人直接沟通机制，畅通解惑释疑、反映问题的渠道。要真正发挥项目协调小组的作用，牵头部门要主动担当，切实担负起牵头抓总的责任，相关部门要积极配合、主动作为，确保工作高效、有序运转。

建立完善基层一线推进机制。各级领导干部要当好"施工队长"，带头到现场办公，做到工作在基层一线推进、情况在基层一线掌握、问题在基层一线解决、成效在基层一线检验、干部在基层一线考察。要改变年初下任务、年中搞督查、年底去考核的简单方式，引导机关干部多下去、基层干部少往上跑。要组织清理规范会议、文件和简报，严格落实好审批和报备制度，腾出更多时间和精力抓落实。

建立完善问题解决机制。要盯紧影响、制约发展的关键问题，建立科学有效的解决机制，推动工作落实。要完善落实好市长、分管项目的副市长、分管涉及问题的副市长加市直有关部门的 "3+N" 项目问题现场解决机制。要建立问题台账和销号管理制度，牵头部门负责定期梳理本领域工作中的问题，属于县市区（开发区）、项目协调小组能够解决的，相关县市区（开发区）、项目协调小组协调解决；对难以解决的问题，市级领导与县市区领导以现场办公的方式加以协调解决。

建立完善调度督导机制。要改进督查方式，多开展实地督查、暗访督查、"点穴"式督查，克服依赖文来文往的现象。要下决心解决好督查过多过乱的问题，涉及多个部门的要实行联合督查，不允许部门以党委、政府名义开展督查，年内各类督查事项要压减50%以上。要建立市委、市政府"两办"督查工作会商制度，制定督查计划，每季度共同组织开展一次重点工作落实情况督查。要注重运用信息化手段开展督查，更加注重督绩效、督结果，消除不必要的档案检查、台账检查。要继续深化市委巡察工作，盯住重点人、重点事和重点问题，开展好常规巡察、专项巡察，不仅要发现问题，还要定期开展"回头看"，督促相关部门单位抓好整改落实。

（2）培育市场主体

一手抓文化产业平台集聚能级的提升，一手抓文化市场活动企业主体的引进、扶持、培育、壮大，坚持两手抓、两手都要硬，协同推进培育市场主体。

提升文化产业平台集聚能级。建设陶瓷智造工坊和景瓷联等产业发展平台；培育陶溪川文创街区等一批国家级、省级特色文化产业示范园区（基地），提升辐射能级和示范作用；做强国家日用及建筑陶瓷工程技术研究中心等国家级创新平台。建设景德镇陶瓷技术创新研发基地，打造国家重点实验室；依托景德镇陶瓷大学和浮梁县湘湖镇，建设创客云集的"陶大小镇"。以陶阳里历史街区、陶溪川文创街区、陶源谷艺术景区、东市区创意创业空间等"三陶一区"为总体布局，全面推进老街区、老厂区、老里弄、老窑址等瓷业遗存保护和修复，延续城市历史文脉；以创建景德镇陶瓷文化生态保护试验区为抓手，加强非物质文化遗产活态传承保护和千年瓷业老字号的挖掘性保护，建设国家陶瓷非遗馆和陶瓷文化公园。加快御窑博物馆建设，打造具有世界影响力的"景德镇御窑厂国家考古遗址公园"和国家 5A 级景区，整体再现明清时期业陶都会盛景，构建具有"世界风范、古镇风韵、时代风貌"的陶瓷文化遗产样板区；加强与故宫的战略合作，推动景德镇陶瓷修复研究中心、故宫学院景德镇分院和故宫研究院景德镇陶瓷考古研究所建设，助推陶瓷文化的考古研究、教育培训。

引进、扶持、培育、壮大文化市场活动企业主体。实施陶瓷龙头企业培育工程，整合国有陶瓷企业资源，做强景德镇陶瓷集团等一批骨干和龙头企业；实施陶瓷品牌发展战略，扩大"景德镇""红叶""龙珠阁"等老字号的影响力，打响一批具有核心竞争力的自主品牌；大力引进、扶持、培育民营骨干文化企业，重点支持"专、精、特、新"陶瓷文化创意企业，孵化一批有市场发展潜力的小微陶瓷文化企业，加强对陶瓷名企名匠的宣传推介；实施企业上市"映山红行动"，争取有 1~2 家文化企业上市；加强陶瓷知识产权和版权保护，建设中国（景德镇）知识产权保护中心。

（3）创新贸易方式

鼓励和引导文化企业创新文化贸易内容，推进文化与陶瓷、文化与旅游、文化与互联网融合发展，培育景德镇陶瓷文化产业新业态创新文化贸易工作。

鼓励和引导文化企业创新文化贸易内容。通过工艺美术、文创合作、文艺交流等方式，扩大海外知名度和市场占有份额；支持文化企业在"一带一路"节点城市和国内重点城市设立体验营销中心，支持文化企业参与重要国际性文化节展，推动设立海外景德镇陶瓷产品仓，不断提升景德镇品牌的国际认可度；引进国内外知名经纪、拍卖、画廊等机构，拓展艺术陶瓷贸易渠道；将陶瓷文化融入国际性文体赛事之中，实现陶瓷消费与体验附加值的综合叠加效应；推动建立重点文化出口企业、项目名录和产品数据库。

推进文化与陶瓷、文化与旅游、文化与互联网融合发展，培育景德镇陶瓷文化产业新业态。致力 "陶瓷+创意设计"。引进培育知名陶瓷工业设计企业，建设洛可可国际设计谷，推动传统设计向高端综合设计服务转变，定期举办国际陶瓷双年展、国际日用瓷设计大赛、青年创意产品比赛等多样化的活动，打造创意产品设计和研发中心；致力 "陶瓷+生活"。顺应规模化、批量化向个性化、定制化的发展趋势，推动艺术陶瓷生活化、日用陶瓷艺术化，不断丰富陶瓷产品的文化内涵，让消费者更多享受陶瓷创新体验；致力 "陶瓷+互联网"，建设景德镇陶瓷垂直电商平台，打造陶瓷电商集聚区和电商孵化基地，形成线下园区生产、线上全球供货的陶瓷产品贸易格局。

（4）健全扶持体系

认真贯彻落实国家、省、市关于大力发展文化贸易的系列文件精神，进一步修订完善加快景德镇市文化产业发展的政策措施，强化金融扶持、人才保障，健全景德镇市文化贸易的扶持体系。

强化金融扶持。要加快投融资平台建设，探索建立文化产业发展引导资金，充分发挥政府财政资金杠杆作用，激发社会资本、金融资本和国有资本在景德镇市文化领域的投资活力。健全完善政策性担保机制，积极引导各类社会资本投入景德镇市文化产业，参与重点项目建设，支持开展文化贸易。加强金融服务体系建设，支持和引导银行金融机构加强对景德镇市文化企业的融资支持，创新金融产品和服务，开展供应链融资、应收账款质押融资、仓单质押贷款等业务。拓宽景德镇市文化出口企业直接融资渠道，落实企业挂牌上市奖励政策，鼓励支持有条件的企业在境内外资本市场上市融资，力争用3~5年时间有3家以上景德镇市文化企业上市或在新三板、股权交易中心挂牌。完善出口信用保险机制，制定配套政策，支持景德镇市文化企业出口信用保险应保尽保。落实国家对服务出口实行零税率或免税政策，鼓励扩大景德镇市文化产品和服务出口。完善景德镇市文化出口企业收汇管理，提高企业出口收汇资金结算速度。

强化人才保障。实施紧缺文化人才培养计划，加大文博研究、文学创作、新媒体、文创产业等方面专业人才的引进和培养力度；充分发挥博物馆、美术馆、艺术院团等人才培养基地作用，发挥文化名家的传帮带作用，培养有实力有潜力的中青年专业人才，打造一支覆盖理论、新闻、文艺、文化产业经营管理等领域的人才队伍；实施优秀新闻传播人才教育培养计划，重点引进和培养适应融媒体发展需要的采编人才、技术人才和经营管理人才；依托国家和江西省人才计划，大力培养高层次的各艺术门类领军人物，建立文化领军人才库；鼓励采取签约、项目合作、技术入股、公开招聘等多种渠道引进优秀人才。优化人才生态环境。落实《景德镇市"3+1+X"产业人才发展实施办法（试行）》《景德镇市"3+1+X"产业人才发展十条政策》，创新人才引进机制，为优秀文化人才搭建事业舞台、服务平台，支持优秀人才承担或参与重大课题、重点项目、重要演出等，营造文化人才脱颖而出的良好生态环境；将文化人才纳入党委联系服务专家范围。设立市级荣誉奖项，加强扶持各类精品创作，定期表彰各类优秀文化人才和工作者。规范文化人才的收入分配制度，逐步建立重实绩、重贡献，向优秀文化人才倾斜的分配激励机制。

（5）完善促进体系

建立景德镇市文化贸易促进会，组织全市文化企业积极参加重要国际性文化节、文化展，开展各种形式的对外文化贸易促进活动。支持景德镇市文化企业充分利用国家、省、市贸易促进平台，开拓国际市场，开展文化贸易。搭建多元文化交流平台，做好文化贸易"走出去"与"请进来"两篇文章。推动建设国际陶瓷文化交流合作中心、中国国际现代陶瓷艺术博物馆、丝绸之路历史博物馆，充分展示"一带一路"文化交流成果；加强与国内外高等院校、陶瓷类、艺术类、智库类机构合作，开展国际游学研学，推动创办丝路学院，为"一带一路"沿线国家和地区传播陶瓷文化，培养陶瓷文化交流与合作的使者；发挥联合国教科文组织"陶瓷文化保护与创新"教席作用，支持孔子学院把陶艺课程纳入主体课程板块；在全国乃至世界范围内打造以瓷文化为主题的酒店、游乐场和饭店,展示和表达景德镇陶瓷文化;用好中央、省市各级媒体平台,建好景德镇陶瓷博物馆网上数字博物馆,真实、立体、全面展示景德镇新形象;依托"联合国教科文组织创意城市网络"平台,与联盟城市之间开展多层面的文化交流活动,增进文化交流互鉴;借助景德镇陶瓷博物馆、名坊园、陶溪川、三宝国际陶艺村等文化地标,做好"请进来"文章。

(6)完善统计体系

按照商务部办公厅、中宣部办公厅、文化部办公厅、新闻出版广电总局办公厅、海关部署办公厅《对外文化贸易统计体系(2015)》要求,加强督促指导,引导基地内符合条件的景德镇市文化企业出口数据全部纳入商务部文化贸易信息管理应用系统进行统计,督促重点文化企业做好数据直报工作。加强与海关、外汇、税务、财政、统计等部门沟通协调,建立信息共享机制,综合运用各方面的数据信息,密切协作配合,形成完善的景德镇市文化贸易统计体系。加强对统计数据的分析研判,及时掌握发展态势,为景德镇市文化贸易发展提供科学决策依据。

(7)加强知识产权保护

探索建立政府引导、市场主体、多方参与的运作模式,形成科学化、规范化、制度化的文艺创作管理机制。健全完善景德镇市文化企业知识产权保护制度,加强宣传教育,增强景德镇市文化企业对知识产权的保护意识,提高对知识产权的运用和保护能力;开展知识产权执法,及时查处侵害知识产权的违法违纪行为,防止知识产权滥用;组织知识产权服务进企业活动,及时为企业提供海外知识产权法律咨询,帮助企业开展涉外知识产权维权。鼓励景德镇市文化企业开展专利申请,支持企业运用专利制度对景德镇市文化创意产品及制作方法、工艺等知识产权的保护。鼓励景德镇市文化企业有效利用知识产权保护,积极参与国际技术标准的制定。依法及时保护创新成果,加大对日用陶瓷、建筑陶瓷、艺术陶瓷等领域的工艺技术、产品设计、知名品牌的保护力度，积极提高陶瓷领域知识产权的数量和质量。构建景德镇陶瓷文化产业知识产权纠纷快速解决机制，搭建景德镇陶瓷文化产业知识产权保护支撑平台，推动建立陶瓷产品知识产权鉴定评估机构，促进行业协会加强协调服务，充分利用专利等知识产权文献信息制定技术创新策略，加大对可替代原料及新能源开发、设备设计制造、工艺路线升级等技术方法的知识产权资源挖掘，防范知识产权风险。

（8）创新事中、事后监管举措

加强对景德镇市文化贸易企业的全过程监管，完善随机抽查、重点检查、举报检查为主的日常监管制度；创新监管方式和举措，形成各政府部门信息共享、协同监管、社会公众参与监督的监管体系，确保国家文化安全和经济安全。加强属地管理，建立市场主体信用记录，纳入信用信息共享平台，构建失信联合惩戒机制。具体的支持措施有五个方面：一是优化海关监管措施；二是完善检验检疫监管政策措施；三是明确规范进出口税收政策，继续落实现行跨境电子商务零售出口税收政策，按照有利于拉动国内消费、公平竞争、促进发展和加强进口税收管理的原则，制定跨境电子商务零售进口税收政策；四是完善电子商务支付结算管理，稳妥推进支付机构跨境外汇支付业务试点，鼓励境内银行、支付机构依法合规开展跨境电子支付业务；五是提供财政金融支持，对跨境电子商务企业走出去重点项目给予必要资金支持，为跨境电子商务提供适合的信用保险服务。向跨境电子商务外贸综合服务企业提供有效的融资、保险支持。

5.1.4 运行机制与保障措施

（1）运行机制

成立景德镇市国家文化出口基地建设推进工作领导小组，由市委分管领导任组长、市政府分管领导任副组长，宣传、商务、文广新、组织、教育、科技、财政、人社、工商、统计、旅游、外办、金融、税务、海关、外管等相关部门和各市（县）区、景德镇经济开发区为成员单位，加强对全市文化贸易工作的指导和重大问题的统筹协调。领导小组工作方式及方法：一是建立领导小组定期会议制度。领导小组会议每半年召开一次，如遇重大特殊情况可临时召开会议。二是建立各成员单位联系人制度。为确保此项工作正常运行，由各单位指定专人负责联系、协调等日常工作。三是建立信息通报制度。为实现快速反应，由各工作小组建立起纵、横交错的快速反应信息通道。四是建立分工明确的牵头制度。各牵头单位必须切实负责，各配合单位应积极配合，各方联动，形成合力。

领导小组下设综合办公室，主要职责包括四个方面：一是负责全区文化出口贸易日常工作的联系和协调；二是负责向领导小组报告我区文化出口贸易工作的开展情况和存在的问题，并提出建议；三是建立信息传递和反馈机制，及时将有关情况上报上级有关部门、区政府，并向区级有关部门和相关企业通报；四是搭建进出口公平贸易信息平台，建立由政府部门、中介组织、企业多方参与、多层次的信息体系，形成畅通的预警和快速反映信息的交流渠道。

（2）保障措施

一是统一认识，加强组织保障。景德镇市各级党委、政府要统一认识，高度重视国家文化出口基地建设工作，把国家文化出口基地建设作为全市高质量发展的重大战略，落实党政"一把手"的"第一责任"，举全市之力共同推进国家文化出口基地建设工作。各级各部门要把国家文化出口基地建设纳入经济社会发展全局，纳入科学发展综合考评考核，作为评价地区发展水平、衡量发展质量和考核领导干部工作业绩的重要内容。景德镇市委、市政府每年召开国家文化出口基地建设推进大会，总结经验、推动工作。

二是深化改革，强化体制保障。贯彻落实《国务院办公厅关于印发〈文化体制改革中经营性文化事业单位转制为企业和进一步支持文化企业发展两个规定〉的通知》精神，深化文化领域"放管服"改革，优化文化市场营商环境；加大文化发展改革力度；完善党委和政府监管有机结合、宣传部门有效主导的管理模式，推动组建市文化产业发展中心，进一步建立健全管人管事管资产管导向相统一的体制机制；在景德镇市图书馆、博物馆、文化馆、科技馆、美术馆等公共文化机构，建立以理事会为主要形式的法人治理结构。发挥文化类社会组织作用，加强行业自律。

三是政协企联动，优化机制保障。建立健全政府、协会、企业协同配合的促进机制，形成推动基地建设的强大合力。切实履行政府主体责任，落实政府领导、部门挂包责任制，明确职责，落实责任，部门联动，统筹做好规划建设、政策协调、贸易促进等工作。充分发挥行业协会自我管理、自我约束、自我协调、自我服务的重要作用。引导和鼓励企业积极参与基地建设，发挥企业市场主体作用，做基地建设的参与者、受益者。

四是多渠道投入，提升财政保障。加大文化建设投入力度，增加文化遗产保护经费投入，设立景德镇文创产业基金，支持文创产品开发和创意设计；设立景德镇市优秀文学艺术奖，加强对原创性作品的政策扶持和创新型文艺人才的培养；加大对市县主流媒体的财政支持力度；鼓励通过政府购买、消费补贴等途径，引导和支持文化企业提供更多文化产品和服务；贯彻落实中央、省委关于对文化产业发展的税收、土地、工商管理等优惠政策，包括落实和完善有利于文化内容创意生产、非物质文化遗产项目经营的税收优惠政策；将文化类建设用地纳入城乡规划、土地利用总体规划，依法保障公共文化设施用地。

五是健全法治，完善法治保障。认真贯彻实施《文物保护法》《非物质文化遗产法》《文化市场综合行政执法管理办法》《互联网上网服务营业场所管理条例》等法律法规，建立健全文化市场综合执法各项规章制度。加快制定公共文化服务保障条例、公共图书馆条例、景德镇文明条例等地方性法规；加强文化立法与文化体制改革重大政策的衔接，及时出台或修订相应地方性法规；加强文化市场综合执法，加大文化领域知识产权保护力度；加强对文化领域法律法规的普法宣传和执法检查。

5.2 建好国家试验区，打造对外 文化交流新平台

中华文化源远流长，灿烂辉煌。中华优秀传统文化是中华民族的精神命脉，作为中华五千年文明的结晶，它积淀着中华民族最深层的精神追求，包含着中华民族最根本的精神基因，代表着中华民族独特的精神标识，是中华民族的"根"和"魂"，为中华民族生生不息、发展壮大提供了丰厚滋养，对延续发展中华文明、促进人类文明进步发挥着重要作用，也是当代中国坚定文化自信的基础与文化软实力的重要力量源泉。习近平同志在全国宣传思想工作会议上指出，要"讲清楚中华优秀传统文化是中华民族的突出优势，是我们最深厚的文化软实力"。

陶瓷文化是中华优秀传统文化中的一种极具代表性的文化。世界认识中国，始于陶瓷。china 是瓷器，CHINA 是中国，可见瓷器在中国文化对外传播过程中的重要地位和影响力。瓷器是中国古代先民的一项重大发明，是中华传统文化的重要载体，是中华五千年文明最灿烂的符号，堪称我国的"第五大发明"，为世界文明的发展进步做出了突出贡献。在 1600 年前的"丝绸之路"上，中国陶瓷曾和茶叶、丝绸成为最具代表性的三种文化贸易商品，并携其在技术和艺术上的成就，传播到世界各国，深刻而深远地影响了全世界，为我国赢得"瓷之国"的美誉。中国景德镇是闻名世界的千年瓷都，素以"汇天下良工之精华，集天下名窑之大成""匠从八方来，器成天下走"著称。郭沫若诗曰："中华向号瓷之国，瓷业高峰是此都。"因为制瓷业的发展，景德镇被西方国家称为中国最早的手工业城市，在古代西方的中国地图

上，标注的中国三座城市就有景德镇。世界认识中国，从瓷器开始，从景德镇开始。景德镇以制瓷业主撑一城，历千年而不衰，引举世之瞩目，迄今仍是全球最具影响力的陶瓷历史文化名城，拥有无与伦比的文化象征性与影响力。景德镇成为中国陶瓷乃至世界陶瓷的代名词，以景德镇为代表的中华陶瓷文化成为引领世界的语言，深刻而深远地影响着全世界。2014 年 12 月，景德镇荣获联合国教科文组织授予的世界"手工艺与民间艺术之都"称号，并加入全球创意城市网络。为了促进中国陶瓷文化的传承与创新，2018 年 10 月，国务院批复同意设立景德镇国家陶瓷文化传承创新试验区，将以景德镇为代表的中华陶瓷文化复兴正式纳入国家战略。2019 年 5 月，习近平总书记视察江西时亲自作出指示，"要建好景德镇国家陶瓷文化传承创新试验区，打造对外文化交流新平台"。

5.2.1 "国家试验区"建设的战略方向

对于以陶瓷作为对外文化交流的重要名片、重要符号和重要载体的景德镇而言，更要准确把握建设国家陶瓷文化传承创新试验区的重大意义，找准自身角色定位，主动投身建设大局，力争在江西开放经济建设中走前列、打头阵。与此同时，景德镇有基础、有条件，应该走前列、出亮点。

（1）开放发展

一方面，无论是从景德镇开放发展的历史、现在还是未来发展态势来看，景德镇都是开放发展的排头兵；另一方面，作为"一带一路"倡议的文化重镇，景德镇必须勇当开放发展的排头兵。

从历史来看，开放是景德镇这座城市与生俱来的鲜明特质，作为中国陶瓷主要出口基地的景德镇，在丝绸之路上扮演着重要的角色，更被称为人类历史上早期全球化现象的重要推手。孙中山先生曾经在《建国方略》中提出把江西景德镇之瓷业与鄱阳港的建设连成一体的构想，提高瓷业开放水平，并提出中华实业之振兴首先在瓷业。

当前，建设景德镇国家陶瓷文化传承创新试验区，是江西全面扩大开放的重要平台，是加快推动新时代景德镇开放发展的重要机遇，也是积极对接融入共建"一带一路"的重要抓手。

未来已来，要重返中国制瓷高峰，把试验区建成全球文明交流互鉴的重要桥梁和高端陶瓷文化贸易出口区，推动景德镇的文化与世界相融、理念与世界接轨、经济与世界对接，建成"一带一路"重镇是现实而必须的路径。

（2）创新发展

景德镇陶瓷的发展史，就是创新发展史；在全球经济增长动力从要素推动到创新驱动的今天，景德镇陶瓷的未来发展也要实现从"高岭"到数字化、智能化的转型，做创新发展的排头兵。

景德镇之所以能够成为世界瓷都，还有一个重要原因是海纳百川，终成大洋。从古至今，景德镇广泛吸收世界先进技艺，紧紧贴近市场，勇于创造新品。元代，景德镇抓住西亚的白釉兰花陶瓷市场，制作出精美的青花瓷，进入了世界陶瓷的主流市场；明清时期，景德镇进军欧洲市场，吹起了强劲的"中国风"，为中国陶瓷赢得了世界声誉。在很长的一段时间里，景德镇生产什么，其他产区就仿效什么，这种强烈的市场意识一直延续到今天，不断推动着景德镇陶瓷创新生产。在新的历史条件下，景德镇将创新理念，瞄准世界标准，注重首创原创，推进陶瓷文化创新创意、融合发展，培育发展景德镇陶瓷文化产业新技术、新业态、新模式，完善产业链、价值链，形成集聚效益，推进转型升级，实现"品牌再造"，打造文化强市新名片。全球进入了一个经济增长动力从要素推动到创新推动的这样的一个大的时代背景。景德镇陶瓷文化产业创新发展应该继续提升产业集中度，提升企业智能制造技术含量，加快精益化生产，形成智能制造或先进制造的基础。

（3）改革发展

当前，景德镇正聚焦改革试点，充分用好国家陶瓷文化传承创新试验区先行先试权，探索推动政策集成、模式创新，加快文化与科技融合发展、产业化发展，力争在财税、投融资、自然资源、城市建设等方面形成一批改革新成果，做好改革发展的排头兵。

景德镇，一座千年窑火不熄的城市，经历了陶瓷文化的辉煌，也经历了长时间的发展低谷却从来不畏惧改革的阵痛。进入新时期，景德镇市深入贯彻江西省委十四届六次全会"要深度挖掘千年瓷都人文底蕴，把景德镇打造成冠领中国、代表江西走向世界，世界感知中国、认识江西的国际瓷都"指示，提出了全力实施"三个五"战略行动，打造与世界对话的国际瓷都，描绘好新时代江西改革发展新画卷之景德镇篇章的新目标。紧紧围绕机制体制创新的核心任务，启动 36 平方千米的"一轴一带、五区多点"的核心区建设，通过在陶瓷文化保护传承、景德镇陶瓷文化产业创新发展、陶瓷文化旅游、国际交流合作等方面共 152 个大项目推动试验区建设的整体提升。积极建立以企业为主体、产学研用结合的协同创新体系，推动建成景德镇陶瓷技术创新研发基地，启动国家文化与科技融合示范基地创建，申报文化科技重点实验室，做强国家日用及建筑陶瓷工程技术研究中心等国家级创新平台，为布局建设军民融合创新发展中心，重点发展航空、航天等领域的高科技陶瓷。从制瓷"七十二道工序"到瓷业"七十二变"，景德镇这座因瓷而生的城市，正因瓷而变。

5.2.2　"国家试验区"建设问题与政策破解

创建景德镇国家陶瓷文化传承创新试验区，是千年瓷都的千载难逢的宝贵机遇，千年瓷都景德镇将再一次有机会成为世界的陶瓷生产中心、贸易中心和陶瓷文化交流中心。这也是党与国家赋予景德镇的光荣使命，完成好这项使命是一项艰巨任务，诸多困难摆在面前，需要多方政策支持，齐力破解。

（1）先试先行，探索开放县级以下文物市场合法交易模式

围绕建设国家陶瓷文化保护传承创新基地，着力推进县级及县级以下陶瓷文物"活化"利用，激发文物市场活力。文物与艺术品相比具有不可再生

性，故而比普通的艺术品更为特殊，也更为珍贵，这也决定了一部分的珍贵文物是由国家收藏，除此之外，允许经营的文物才能投放市场，文物市场也由此而来。20 世纪 90 年代景德镇古玩早市发展起来，但因为卖的东西来路不明，大多是些真假难辨的古董，又开在夜里，天亮即散，所以又被称为"鬼市"。随着景德镇陶瓷文化生态保护实验区与景德镇国家陶瓷文化传承创新试验区的建设，迫切地需要建立一个正规有序的文物交易市场，健全文物合法流通交易体制机制，促进文物市场活跃有序发展。

景德镇陶瓷文化资源丰富，但限于现有博物馆展示空间以及民间已经存在的陶瓷文物交易，大量陶瓷文物产品堆放在仓库，并没有发挥应有的作用和价值。景德镇市政府积极向文物局等部门争取政策，以景德镇为试点，开放县级以下文物市场，通过前期认真论证和精心准备，既能实现活化县级以下文物的经济价值，又能实现藏富于民和推广陶瓷文化的社会价值。以登记交易为中心创设文物流通领域管理和服务新模式，破解文物收藏需求和文物供给服务之间不匹配矛盾、推动文物市场发展方式从规模增长向质量提升转变、深化社会文物领域"放管服"改革。

（2）聚焦产业，探索政策支持的新路径

产业的优质发展离不开完备的配套政策支持与完善的基础设施条件。要聚焦景德镇陶瓷文化产业的发展，积极出台、实施配套政策支持与建设完善基础设施条件。

一是财税政策支持。要出台完善陶瓷企业研发费用扣除与所得税优惠与减免政策，出台高新技术陶瓷产品、陶瓷文创产品开发、财政支持政策。

二是金融政策支持。优化金融生态环境是景德镇国家陶瓷文化传承创新试验区建设的一项重要内容。要高度重视、引导发挥金融服务实体经济的重要作用，激活景德镇陶瓷文化产业的壮大发展。首先，要探索建立景德镇陶瓷企业创业与产业发展项目专项基金，如新兴产业创业投资引导基金、中国（景德镇）景德镇陶瓷文化产业引导基金、景德镇文创产业基金等；其次，要支持国家开发银行、全国性大型国有商业银行与江西省人民政府合作开展对景德镇国家陶瓷文化传承创新试验区的总行直贷业务,并积极探索组建区域性民营银行;再次,要探索建立银企联席会议制度,增加银企交流,提高银企信贷渠道的信息透明度;最后,要按照"政府引导、资本多元、专业管理、市场运作"思路,发展区域担保公司、再担保公司。

三是基础设施配套条件支持。首先,要建设完善交通基础建设,建立景德镇国际机场,加快与完善高铁建设,开发昌江航运与推进港口建设;其次,要加快完善数字基础设施,推进 5G 联合研发、试验和商用,提升互联网、大数据应用水平;最后,要实施能源保障、能源网络和能源优化工程,促进新能源和可再生能源多元化、规模化、产业化发展。

5.2.3　建好"国家试验区",打造"一带一路"文化强镇

(1) 重塑"匠从八方来"新格局

景德镇现有各类陶瓷技能人才约 4.5 万人,其中,陶瓷专业技术人才约 6600 人,陶瓷行业高技能人才约 4000 人,陶瓷大师 315 名,各级非遗传承人 358 人。据不完全统计,景德镇近些年集聚的各类"景漂""景归"多达 3 万余人。具体如表 5-3 所示。

表 5-3　主要产瓷区国家级工艺美术(陶瓷艺术)大师统计

单位:人

地区	醴陵	淄博	德化	宜兴	景德镇
中国工艺美术大师	2	3	1	12	37
中国陶瓷艺术大师	21	10	4	24	43
合计	23	13	5	36	80

然而,相对于景德镇建设国家陶瓷文化传承创新试验区、打造国际瓷都这一战略目标而言,现有人才的层次与国际化水平还尚有差距。推动景德镇

成为"一带一路"上的文化重镇，还亟须在人才高端化与国际化上实现更大突破，进而重塑"工匠八方来"的新格局。

一是构建陶瓷高端国际化"人才池"。在陶瓷高端人才引进方面，将引进的国际化人才分为两类：一类是艺术设计领域的国际化人才；另一类是陶瓷科技创新领域的国际化人才。首先，在艺术设计领域的国际化人才引进方面，对景德镇现有的、来自于海外陶艺家、艺术家、设计师以及学者等人群进行全面、深入而细致的调研，了解他们的现实与潜在需求，了解他们的民族与风俗习惯、生活与事业发展，打造服务于国际人才的"艺术家或设计师驻留基地"，推进本地陶瓷文化企业与海外的陶艺家、设计师合作开办文化创意工作坊。同时，建设更具人性化的社群、街区以及相配套的文化基础设施，创造一个更加开放、国际化人才与本地人才共生的工作生态。其次，在陶瓷科技创新领域的国际化人才方面，建立"但求所用"的引智新观念，实施海外科技创新人才引进工程，出台相关政策扶持景德镇各高校与科研机构的科研平台建设，通过产业领域技术攻关项目合作研究、国际学术会议等多元途径，吸引海外科技创新人才。

二是优化景德镇陶瓷文化产业"人才网"。围绕景德镇陶瓷文化产业高质量发展的目标，在国内高层次人才引进条件与方式等方面研究制定新政策，加大人才引进力度，将景德镇建设成为充满活力的人才集聚地，为试验区建设提供坚实的人才保障。为此，结合试验区建设的战略目标以及景德镇当前陶瓷艺术人才存量非常丰富但类别比较单一的问题，景德镇未来几年的人才引进需进一步优化产业人才结构，拓宽人才引进的专业领域，紧密围绕支撑景德镇陶瓷文化产业高质量发展的高水平研发、现代物流、金融、文化创意、旅游与先进制造为主的产业平台而展开，积极制定中长期高层次人才引进规划与相关政策，形成统一、长效的人才引进政策机制。具体来讲，针对当前高层次人才不足的问题，景德镇除了创新与进一步完善现有的人才引进政策之外，还需加大特殊人才引进力度，大力引进试验区建设亟须的高新技术人才、学科带头人、创业型人才、文化艺术人才，以及考古、文物鉴定、文化企业运营与管理、会展、新闻、传播、出版等方面的高层次人才。

三是激活本地"人才力"。加大本地高层次高技能人才的扶持力度，用好本地人才，激发他们的创造力，提升他们的生产力。景德镇在千方百计引进国内外高层次人才的同时，还需进一步将目光转向景德镇陶瓷文化产业内现有的极为充裕的人才资源，全方位多渠道挖掘产业内可能已经"沉寂"多年的陶瓷专业人才资源，以创新的人才管理机制激活本地人才资源，从而破解当前高层次人才引进不来、引进人才留不住的难题。为此，景德镇可以成立专门的"行业能人"挖掘与激活工作组，深入行业一线，挖掘科技创新能人、文化传播能人、经营管理能人、产品创新设计能人等，为其提供专门的平台和配套支持，激励其培养更多的能力，从而合理配置并盘活用好本地人才。

（2）再创活性陶瓷文化资产新动能

景德镇活性陶瓷文化包含了很多类型，各个类型中又包含了很多不同的个体：一是文化教育研究机构，如高校、陶瓷科研院所等；二是陶瓷文化旅游景区，如古窑、中国景德镇陶瓷博物馆、御窑厂、陶溪川等；三是陶瓷设计文化，主要是各大陶瓷企业；四是陶瓷艺术文化，散落各处的艺术家工作室；五是陶瓷文化非物质文化遗产，如非遗传承人工作室、手工作坊等。

进一步促进活性陶瓷文化资产利用，关键路径就是把景德镇陶瓷文化打造成一张文化网络。首先，在景德镇活性陶瓷文化类型中将不同个体进行联系，形成网的经线。将上述陶瓷文化类型中的个体联成陶瓷文化大网的经线不仅可行而且必要。其次，不同类型的陶瓷文化进行链接，形成整个大网的纬线，这张文化大网就集结完成，能够迸发出无穷的活力，产生新动能。比如，高校、科研院所与设计企业的交流联合，高校、科研院所可以为企业提供人才、成果，设计企业可以进课堂，可以与科研院所联合开发设计及技术等；再如，陶瓷文化旅游景区可以和艺术家工作室进行深度合作，拓展旅游资源，同时艺术家工作室可以得到极大市场开发，实现文化传播最大化，社会效益最大化。

在此基础上，陶瓷文化的自身建设是最本质的内容，是非常重要的动能来源。通过进一步的自身文化建设，高校、科研院所能够以自身优势服务地方、服务行业，将教育、科研等转化为生产力；另外，陶瓷文化旅游区能够提供多元的文化内容，加强与地方优势资源，如艺术家工作室等的联合，打造新的文化旅游亮点；景德镇陶瓷文化产业设计与生产企业，在知识产权保护得到保障的前提下，以设计为价值源泉，品牌建设为生命线，发挥文化的最大优势。艺术家工作室注重作品个性与多元性的关系；非物质文化遗产工作室在传承的基础上创新内容，这些陶瓷文化节点的自身建设以路径为最大抓手，发挥路径的优势，使路径与自身建设相得益彰。

（3）激活惰性陶瓷文化资源新路径

惰性文化资源是指早已存在的文化资源，但基本处于未充分利用或者处于"沉睡"状态，并没有发挥自身的作用和价值的文化遗产。景德镇惰性陶瓷文化资源丰富，既包括古代窑址、器物产品、历史街区、古寺庙、里弄等物质文化遗产，也包括瓷业工匠等人力资源，具体如表5-4所示。

表5-4　景德镇惰性陶瓷文化资源一览

惰性文化资源类别		代表性名录
窑址	古代窑址	湖田窑址、湘湖窑址、南市街窑址、黄泥头窑址、观音阁窑址、瑶里窑址、凉伞树下窑址等
	近代窑炉	金家窑、老鸡头窑、龙赣窑、傅家窑、新冯家窑、如意窑、曹家窑、鼎祥窑、新启发窑、老启发窑、榜眼坦窑、青山窑、隆忠窑、袁家窑、通明窑等
	工业遗产	人民瓷厂、红旗瓷厂、建国瓷厂、新华瓷厂、东风瓷厂、景兴瓷厂、红星瓷厂、为民瓷厂、景德镇瓷厂等

续表

惰性文化资源类别	代表性名录
景德镇会馆	都昌会馆（古南书院）、湖北书院、石埭会馆、饶州会馆、南昌会馆、吉安会馆、福建会馆、广南会馆、苏湖会馆、建昌会馆、山西会馆、婺源会馆（紫阳书院）、抚州会馆（召武书院）、丰城会馆、宁波会馆（宁绍书院）、湖口会馆、宁国会馆（宛陵书院）、蓉城公所（青阳书院）、湖南会馆等
街市和里弄	龙缸弄、窑弄、老厂、窑弄里、窑前山、陶瓷弄、瓷器街、詹家上弄、彭家上弄、侯家弄、程家上弄、吴家祠堂、刘家弄、戴家弄、金家弄、黄家弄、太白园、汉阳弄、抚州弄、建昌弄等
码头和桥梁	许家码头、曹家码头、湖南码头、刘家码头、中渡口、东埠码头、城门码头、十八渡；十八桥、水垅桥、仙人桥、双板桥、青龙桥、通津桥、储田桥、罗家桥、韦陀桥、天宝桥、同济桥、广恩桥、永济桥、同济桥、安碑桥、水济桥、奇秀桥、义济桥等
商行、店铺	商行和店铺瓷行、洲店、柴行、木炭行、颜料店、细金店、白土行、船行等
庙宇和教堂	东山寺、泗王庙、圣寿观、雷公寺、清真寺、准提阁、青莲庵、药王庙、五王庙、忠洁侯庙、旸府寺、观音阁、华佗庙、般若庵、枯树庙、陶王庙、关王庙、观音庙、水府庙、水龙庙、龙王庙、云锦庵、圣节庵、东岳庙、宴公庙、白云庵、牛王庙、仙姑庙、景德寺、城隍庙、阎王庙、大仙庙、天主堂等
古村落	高岭、瑶里、东埠、汪湖、梅岭、严台、苍溪、陶墅、进坑等

　　激活惰性陶瓷文化资源活力，能够在现有基础上，挖掘景德镇陶瓷文化资源，释放文化遗产的文化价值和经济价值，提升景德镇陶瓷文化影响力与经济活力。

　　利用现代信息手段，探索激活惰性文化资源的新路径。充分挖掘景德镇深厚的陶瓷遗产资源，加大与各类网络媒体和文化艺术工作者合作，将景德镇历史故事和传说以民众喜闻乐见的形式展示出来，以新形式讲好景德镇"历史故事""现代故事""未来故事"。

　　以优惠政策吸引优秀设计人才，探索与传统瓷业工匠合作模式，激发景德镇现有人力资源优势。整合景德镇陶瓷生产者的资源，实现传统资源的现代性转换，探索陶瓷体验、产品购买、文化交流、手工陶瓷艺术等多位一体的惰性资源活化模式。

(4) 打造"一带一路"文化交流新模式

一是讲好 china 故事。深挖景德镇千年陶瓷文化底蕴与素材，借力新媒体，采用世界人民群众喜闻乐见的形式，例如，以系列短片、解读、讲故事、戏剧或电影等形式，讲好 china 故事。

二是打造"唐英工坊"。加强与"一带一路"节点城市、世界制瓷城市交流合作，跨越国界合力打造"唐英工坊"，让中国千年积淀的陶瓷文化与工匠精神漂洋过海。唐英是清朝雍正、乾隆年间景德镇的督陶官。在任期间，唐英扎根于制瓷一线，与景德镇制瓷工匠打成一片，虚心向制瓷工匠请教并潜心学习各种制瓷技艺，成为了景德镇制瓷的行家里手，并推动景德镇御窑厂的发展达到了新高度。因此，"唐英工坊"的打造，体现的是一种传承景德镇制瓷技艺的工匠精神、对制瓷环境的宽松与制瓷文化的包容。从景德镇打造文化重镇这一重要战略目标来看，"唐英工坊"将对接国家"一带一路"倡议，以景德镇完善的陶瓷文化、人才、产业链、研发等优质资源为支撑，聚焦于陶瓷文化的研学、交流、职业技能培训、陶艺作品展示、贸易等，将中国优秀的陶瓷文化资源和制瓷技艺向合作国输出，培养既懂中国文化、中国特色制瓷技艺，又懂本国文化的复合型高技能人才，让中国陶瓷文化真正走出去。

三是打造"世界陶瓷风情街"。依托"陶大小镇"建设，打造"世界陶瓷风情街"，将世界陶瓷文化引进来。

四是建设"城市联谊"。与"一带一路"倡议上陶瓷生产或者将陶瓷作为主要进口商品的城市建设"城市联谊"，促进陶瓷文化合作与交流。

建好景德镇国家陶瓷文化传承创新试验区，焕发"世界瓷都"时代新荣光，这是组织和人民的考题，是时代和发展的课题，是实践和实干的命题，需要我们从更高的站位守望初心和使命，从更大的范围研判机遇和挑战，从更深的层面审视优势和短板，从更宽的视野找准方向和路径，进而在更加清晰的坐标下，开启全新的征程。

5.2.4　打造新平台的重要意义

千百年来，景德镇陶瓷沿着古老的陆上丝绸之路和海上丝绸之路"行于九域，施及外洋"，以世界语言传播中华文化、讲述中国故事，成为中外经贸合作和文化交流的重要媒介。在中国进入"两个一百年"奋斗目标的历史交汇期并日益走上世界舞台中央的今天，深入贯彻并落实习近平总书记的重要指示精神，努力走出一条具有世界意义、中国价值、新时代特征、景德镇特点的优秀文化传承创新发展新路子，传承创新陶瓷文化，讲好中国故事，对于坚定中华民族文化自信、助力中国"一带一路"建设、构建人类命运共同体与促进中华民族伟大复兴中国梦的实现等，都会产生十分重要的积极意义。

（1）有利于传承和弘扬中华优秀传统文化，坚定中华民族文化自信

以景德镇为代表的中国陶瓷，作为中华民族智慧的结晶，其制作过程完美地诠释了土作、水洗、火烧的精雕细琢和凤凰涅槃般的升华，体现了土的敦厚、水的灵动、火的刚烈，被称作是"土与火的艺术"，其中不仅蕴含着中国传统相生相克的五行思想，融入了器以载道、道法自然的哲学思想，而且形成了锲而不舍、精益求精、追求极致的"工匠精神"，讲求形神兼备，强调知、情、意、行相统一，蕴含着中华民族最基本的文化基因。景德镇陶瓷技艺集天下名窑之大成、汇各地良工之精华，创造性地实现了器与道、技与艺的完美结合。因此，建好景德镇国家陶瓷文化传承创新试验区，传承创新中国陶瓷文化，有利于传承和弘扬中华优秀传统文化，坚定中华民族文化自信。

（2）有利于打造对外交流新平台，助力中国"一带一路"建设

景德镇曾是古代海上丝绸之路的重要起点和货源地之一。明清以来，景德镇陶瓷曾是"中国制造"参与经济全球化的"世界商品"，跨越时空、超越国界，对"一带一路"倡议沿线国家民众的生活方式、价值取向、审美情趣等产生了积极影响，成为中国走向世界、世界认识中国的重要文化符号，成为弘扬中华优秀传统文化的重要载体。建好景德镇国家陶瓷文化传承创新试验区，打造对外文化交流新平台，使景德镇成为"一带一路"的文化使者，成为对外展示中国文化的名片、传递中国声音的窗口、讲好中国故事的平台。以陶瓷文化交流为纽带，联结"一带一路"沿线国家民心相通，助力中国"一带一路"建设。

（3）有利于促进世界文明互鉴，构建人类命运共体

以景德镇为代表的中国瓷器，既是中华民族的伟大创造，凝聚了中华民族的智慧，有其自身独特的风格、气魄与神韵；同时又共享于世界，在漫漫的历史长河中与世界各种文明交流互鉴中不断创新，成为一种世界语言与符号。建好景德镇国家陶瓷文化传承创新试验区，传承创新以景德镇为代表的中国陶瓷文化，以其独特的话语体系，通过陶瓷文化传播，将历史与现在、中国与世界联系在一起，促进世界文化交流与文明互鉴，让"天下大同""协和万邦""万国咸宁"等成为世界人民共同的美好愿景，使以"和平、发展、合作、共赢"为核心的人类命运共同体理念得到世界人民的认同，在世界范围内搭建起"人类命运共同体"的社会基础和民众基础。因此，建好景德镇国家陶瓷文化传承创新试验区，传承创新中国陶瓷文化，有利于促进世界文明互鉴，构建人类命运共同体。

（4）有利于增强中国文化软实力，促进中华民族伟大复兴和中国梦的实现

文化软实力是国家综合国力的重要构成，文化的复兴是中华民族伟大复兴的内在要求与关键。以景德镇为代表的中国陶瓷，是中国传统文化的典型

代表和中国传统文化辉煌成就的重要标识。因为它不同地理自然环境的材料特性，形成了各大名窑的独特个性，见证了中华民族拥抱自然、再造自然、让"黄土变黄金"的智慧与力量；因为它经历了历代封建宫廷文化的统治，聚合了中国乃至世界最优秀的工匠技艺和智慧，创造了无与伦比的宫廷特供珍品，彰显了中国的工匠精神与民族豪迈；因为它艺术价值不朽，融合了中国绘画、书法、建筑、印染、雕刻、剪纸等不同艺术的表现形式，并通过釉上、釉下、釉中和高温窑变釉等各种技法的融合，创造了包容万物、与人类心灵互通的陶瓷文化。这一切让以景德镇为代表的中国陶瓷文化，成为中华优秀传统文化的重要组成部分。因此，建好景德镇国家陶瓷文化传承创新试验区，实现中华陶瓷文化的复兴，必将有利于进一步增强中国文化软实力，促进中华民族伟大复兴中国梦的实现。

5.2.5　新平台的内涵

"建好国家陶瓷文化传承创新试验区，打造对外文化交流的新平台"，是习近平总书记对景德镇的殷切希望和具体要求。但如何建好这个试验区，就要更全方位地思考"新平台"的"新"到底新在何处？即"新平台"的内涵是什么？顾名思义，新平台是文化交流与文明互鉴的平台、全面开放的平台、传承创新的平台和跨界融合的平台。这既需要在既有各类平台基础上进一步提升和发展，又需要发挥创新能力，以更加开放包容的姿态大胆尝试，以更加有效的方法和更多途径寻求突破，以高起点、高标准进行战略谋划，寻求创新之路。

（1）新机遇和新理念

2019 年 7 月 2~3 日，时任江西省委书记刘奇同志在景德镇调研时指出，建设景德镇国家陶瓷文化传承创新试验区，是习近平总书记亲自关怀推动、党中央和国务院赋予的一项重大任务。习近平总书记对景德镇文化遗产保护和陶瓷文化传承一直非常关心，2015 年曾先后两次作出重要批示，要求景德镇保护好御窑文化遗产。总书记的期望和关心也传递出了新的历史时期，景德镇发展所面临的重要机遇：首先，中华优秀传统文化是中华民族的基因，是国人共同的精神家园。习近平总书记在党的十九大报告中强调，"文化是一个国家、一个民族的灵魂。文化兴国运兴，文化强民族强。没有高度的文化自信，没有文化的繁荣兴盛，就没有中华民族的伟大复兴"。陶瓷文化无疑是中华民族精神文化和物质文化的完美结合体，曾在古老辉煌的中华文明中占据重要地位，也必将在中华文化伟大复兴中扮演重要角色。其次，"一带一路"倡议与中国文化"走出去"的战略新机遇。作为负责任的世界性大国，为了实现全球的共发展、共繁荣，习近平总书记于 2013 年提出了"一带一路"倡议，进一步加强了中国与世界的各方面联系。正因为如此，中国文化越来越受到其他国家的喜爱，中国也日益成为世界文化交流中心和世界商品贸易中心。有别于以往任何时期，新的历史机遇更能推动景德镇实现"走出去"和"引进来"的目标，进而有机会再次成为世界的陶瓷生产中心、陶瓷交易中心和陶瓷文化交流中心。最后，新发展理念下的高质量发展的要求。在党的十八届五中全会上，习近平总书记提出了创新、协调、绿色、开放、共享的发展理念，这一新理念既为景德镇发展提供了新机遇，也要求景德镇以更高标准进行试验区建设。

面临新机遇，就要树立新理念。在习近平总书记的殷切关怀下，在江西省委、省政府的大力支持下，景德镇上下应更加积极主动，有所作为，形成良性联动模式。首先，树立宏观意识和大局意识。试验区的建设肯定会为景德镇发展带来诸多好处，但试验区绝非景德镇的试验区，而是全国景德镇陶瓷文化产业和文化交流的试验区，要为全国树立一个新的发展"样板"。对于景德镇而言，不是要利用政策把其他地区的各类人才吸引过来，出现不该有的"虹吸效应"，而是在挖掘内部潜力的基础上，形成协同发展、共同繁荣的模式。其次，树立绿色和可持续发展理念。试验区建设是百年大计，既要彰显江西的"绿色"优势，又要体现国家可持续发展目标。在建设过程中，要正确处理好眼前利益与长远利益、传统陶瓷文化与新型景德镇陶瓷文化产业的关系。最后，使用新技术，确定新使命。综合利用各种技术模式，多角度、全方位地对新时代景德镇成就进行推广，创建"新品牌"，树立"新形象"。

（2）新模式和新举措

在新的历史机遇期，试验区的设立意味着景德镇承担了新的历史使命，这也就要求在试验区建设中采取新的模式，处理好以下几个方面的关系：首先，陶瓷文化保护传承与创新发展之间的关系。在千年的瓷业发展历程中，景德镇留下了宝贵的物质和非物质文化遗产。在文化遗产方面，以御窑为核心的遗址体系已经作为景德镇市委、市政府的重大任务来抓，取得了可喜成效，在非物质文化遗产方面亦是如此。但在新的要求下，仍有许多工作要做。在物质文化遗产方面，除了政府重点抓的核心要素，还有大量的民窑遗址保护现状堪忧。在非物质文化遗产方面，哪些属于活态生产性保护的范畴，哪些属于静态扶持性保护的范畴，需要更加深入细致的工作去做。在申报世界遗产方面，在现有御窑厂遗址基础上，能否借鉴"大运河"申遗的模式，以"海上陶瓷之路"为突破口，联系"一带一路"沿线国家和地区，申报世界文化遗产，在更广范围内提升景德镇的世界影响力。其次，陶瓷文化开发与工业发展之间的关系。20 世纪 90 年代，原有日用瓷生产体系瓦解以后，采取什么样的生产模式是景德镇上下长期探索和争论的问题。以何种方式、创建什么样的日用瓷企业，陶瓷文化如何创新发展，并能适应和满足新的发展需要，如何处理与小型作坊陶瓷生产模式的关系等问题，还需要在市场经济体系下、在法律和相关规则允许范围内做进一步思考。最后，各类新中心的打造需要新的技术体系支撑，新的技术体系打造又需要新的人才体系支撑。

新的模式就需要采取新的举措。首先，形成多途径的建设思路。在文化遗产保护传承方面，建立大型数据库，将城市所有的文化遗产汇集起来，在充分了解现状的基础上，通盘考虑，协同互动，树立文化传承的"景德镇"

样板。其次，全方位调研、系统规划，处理好文化旅游业、陶瓷工业和贸易等各方面的关系，形成联动合力，实现城市产业的协调发展。最后，确立"立体化"的人才引进模式，形成多平台的服务体系。以城市未来发展定位为依据，吸引各类需要人才。在急缺人才和贡献力大的人才引进上，采取大胆积极的政策，打破当下相对封闭的人才引进政策和思路。这也意味着要在人才引进方面，采取精准施策与常规引进相结合、长期聘任和短期引进相结合、政府与市场相结合等新的举措。

（3）新目标和新作为

江西省委、省政府关于试验区实施意见中明确了"两地一中心"的战略定位，这也为景德镇树立了未来发展目标。在新目标的指引下，景德镇也形成了"一轴一带五区"的建设规划目标。相关决策部门的定位，本书不再赘述，下面重点谈谈在新的目标下景德镇未来努力的目标和方向。

景德镇瓷业的辉煌成就是各方协同发展、不断努力的结果。在新的历史机遇下，在国家和江西省相关政策的支持下，需要景德镇上下以更高智慧、更加奋进的态度，取得更大作为。首先，在市委、市政府的带领下，凝聚共识，大力宣传试验区建设对景德镇城市未来发展的益处，争取获得更大范围内的支持，还可以由此提升文化软实力。通过城市风景吸引人，通过市民素质留住人。这既需要加强对城市交通等市容市貌的进一步管理和提升，也需要相关基层部门的工作进一步落到实处。其次，宏观统筹，明确区域规划功能，形成协同发展的格局。市场作用下的合作竞争是发展的常态，但其盲目性的弊端也是显而易见的。在艺术瓷市场繁荣的时候，所有的人才都汇聚到艺术瓷创作上；在研学得到认可的时候，人们一窝蜂地涌向研学。为此，在遵循市场规律的前提下，景德镇市委、市政府要宏观规划，重点扶持，从政策、税收等方面予以支持，服务于新的发展目标。再次，深入挖掘景德镇内部潜力，调动本地人才的积极性和创造性。近年来，景德镇所取得的成就归功于其完备的手工生产体系和高超的技艺。为此，需要为景德镇本土人才的发展提供更加便利的条件、更高的荣誉和待遇，将相关政策尽可能地让更多的人受益。最后，加强对景德镇高校的支持，为高校发展和对外交往提供便利。高校是创新的发源地，也必将为试验区建设提供全方位的支持。景德镇所有高校陶瓷特色鲜明，以景德镇陶瓷大学为代表的所有学校在国内外都有较大影响力。对高校的重视，要从近期、远期和未来愿景三个层次分步骤实施，打破影响试验区建设的壁垒。加强景德镇四所高校的内部往来，并为此搭建平台。推动景德镇高校和其他高校的联系与合作，在景德镇重大项目实施过程中，推动景德镇高校不同人才加入其中，通过和知名专家的合作，提升自身的能力。为景德镇高校发展争取政策，为学生留在景德镇工作提供便利和优惠条件。为景德镇高校国际合作和交流争取机会，以高校对外合作为切入点，打造国际陶瓷文化交流中心和合作贸易中心。

5.2.6　打造新平台的具体举措

新平台不是某个具体的、实体的平台，而是多维度、多方向、多方力量分工主导、共同构筑的多层面对外传播交流的模式集合。按交流传播的负责主体划分，新平台包括三个层面，即政府主导层面、市场主导层面和民间主导层面。地方政府在推动对外文化传播交流的这三个层面中要有清晰明确的定位，既不能大包大揽，也不能完全依靠社会力量，要明确政府、市场、民间各自应发挥的主要职能和作用，在不同文化传播模式中发挥或主导、或扶持、或协调的作用。在新平台的打造上，坚持"政府打基础，市场为根本，民间做补充"的原则，涉及政府层面的公益性、非营利性的对外文化项目由政府主导，可盈利的文化产业项目由市场主导，而民间团体和个人起到补充交流的多样性和协调产业与文化艺术均衡发展的作用。

（1）政府主导层面

政府主导层面是新平台建设的基础，政府的角色是在新平台建设过程中，站在全局的高度进行布局把控，并以公益性和非营利性形式实施，保证经费预算的充裕，政府下属的执行机构只需集中精力做好陶瓷文化对外交流的过程管理和效果评价，不需要考虑市场盈利问题。

第一，明确提出"文化立市""陶瓷立市"的口号，制定《景德镇陶瓷文化发展中长期战略计划》，将其纳入本地"十四五"规划。将文化政策的对象从艺术创作者向文化艺术消费者倾斜，文化政策的覆盖领域从支持艺术创作团体、文化遗产保护、网络广播电视宣传扩展到旅游观光、青少年教育、城市建设、生态环境等方面。在做好传统文化和陶瓷手工艺保护的基础上，更加注重如何通过文化提高民众的生活质量，刺激文化消费；从政策层面促进文化旅游业的产业化，扶持文化企业的发展，带动文化从业人员的就业。全面巩固提升市民文化、历史人文、艺术设计、工艺制造、娱乐休闲等文化领域的力量。

第二，利用地方财政预算支持，在政府直属的文化、教育机构选拔专业人才组建"对外文化战略研究所""对外文化交流处"。对外文化战略研究所作为政府智库，负责为政府提供有关文化传播交流的战略和政策，制定以提高文化软实力为目的的对外宣传计划和方针，并进行有关对外文化宣传的调研和效果评估等工作。对外文化交流处直接实施陶瓷文化的对外交流传播和普及宣传项目，主要工作包括：一是与孔子学院、驻外中国文化中心等海外官方机构进行合作，通过建立专业的教师团队和策展团队，对在 154 个国家和地区建立的 548 所孔子学院以及全球 35 个驻外中国文化中心提供形式丰富的陶瓷展示、艺术展览、小型演出、讲座沙龙、文化艺术教学与培训等活动。二是联络资助国内外著名博物馆、美术馆，设立中国陶瓷文化展区，鼓励本土手工名匠和陶瓷艺术家为展区捐献作品。

第三，重视移动新媒体平台搭建，利用流行信息传播方式建立向外界传播陶瓷文化、讲述中国故事、世界了解中国、认识中国的重要互联网新阵地。把博客、平板电脑、手机都打造成为文化传播的有效平台，在海外脸谱、推特等国外社交网站和油管、照片墙等海外自媒体平台开设官方账户，发布有关景德镇的新闻动态、作品影像、展览信息和专题文章等。面向海外公众推出多国语言版本的智能手机应用程序，集旅游服务、交通住宿、景点解说、社交平台、文化资讯等功能于一身，以文字、图片、影像、声音的方式记录、展现和解说中国的文化遗产、陶瓷制作、旅游景点和生活体验等内容。重视网络传播力量，充分发掘社交媒体潜力，遴选国内外大力弘扬中华陶瓷文化有贡献的微博博主，将其发展成为文化对外推广大使，借助其超高人气点击量，让更多民众向往景德镇，爱上陶瓷文化。

第四，在景德镇陶瓷大学设立陶瓷文化艺术文献影像中心，建立数字化陶瓷文献与非遗信息库，打造成为中国陶瓷文化遗产数字保护中心与世界陶瓷文化艺术学术中心。借助该校的学科优势和人才优势，将代表性陶瓷手工艺非遗影像和经典陶瓷文献译成外文，在世界各国出版，将中国优秀的陶瓷文化艺术成果推向世界，争取世界陶瓷文化艺术研究的话语权。同时，也将国外有关陶瓷史学与前沿理论的文献译成中文，成为中外陶瓷文化理论交流的窗口。将景德镇打造成世界陶瓷文化艺术的文献资料中心和学术交流中心，定期编辑出版面向全球的多国语言学术集刊，及时发布中华陶瓷文化的最新发展动态。

第五，建设"一带一路"世界手工艺与民间艺术展示中心，为"一带一路"沿线国家提供艺术文化、手工艺产品交流、艺术家交流营的永久性平台与场所，使之不仅能成为国内了解世界陶瓷的重要窗口，也能成为外国手工艺与民间艺术来华文化交流、经济贸易的首选第一站。

（2）市场主导层面

对外文化输出作为一种上层建筑的软实力，其根本必然由经济基础决定。文化软实力的发展离不开产业的发展，每一个企业既是地方经济实力的基础，也是对外文化软实力的物质载体，是一个准文化的宣传机构。因此，在新平台打造过程中，市场主导层面是整个平台的根本与核心。政府在这个层面既不要深度介入和干预，但也不能无所作为，完全任由市场发展，而是要通过各种政策的调整和措施在宏观上进行调控，营造健康的生产和竞争环境，引导企业产业升级，充分发挥市场的决定性作用。

第一，鼓励外来文化企业入驻和本土文化企业发展。对非营利性文化交流公益性组织，政府提供拨款、赞助和补助等刚性财政支持；鼓励通过向私有企业筹资、引导民间资本投资、吸引外资等方式扩宽文化资金来源，充分调动资本参与陶瓷文化对外传播战略的积极性。

第二，设立政府引导基金——景德镇陶瓷文化产业发展基金。可采用"母子基金模式"，由市级财政出资设立母基金，以参股或合伙方式与金融、投资机构和社会资本共同设立子基金。以股权、债权等方式支持文化创业企业的发展，以此进一步刺激文化产业的民间融资，推动小型文化企业的成长，加强对本土文化创意的支持。

第三，打造创意文化中心。建立"陶瓷创客中心"，培养文化创意人才，向文化创作人员提供软件和创作设备，以及能将创意落地的创作工作空间与创意融合空间等陶瓷文化创意创作、创业支援设施。吸引全国甚至全球艺术设计人才，为企业输送创意资源与人才力量。

第四，进行文化宣传活动。例如，鼓励有条件的企业在北京、上海、广州、深圳等城市的国际机场航站楼免税店区设立陶瓷文化商店，在销售产品的同时，开展陶瓷制作演示、慢生活体验等文化宣传活动。

（3）民间主导层面

民间主导的对外文化交流，主要是指民间组织或个人通过成立基金会、社团、学会等，以捐助、志愿者活动等方式，不以营利为目的开展各种文化传播活动。

第一，鼓励陶瓷龙头企业出资成立公益性基金组织，参与陶瓷文化对外传播交流活动。对响应号召的企业实行中小型企业减税、优秀文化国际交流项目给予财政补贴、文化衍生产品缓征所得税等柔性扶持政策。

第二，鼓励和支持各级别、各层次、各类型的中外学术交流活动的开展。

第三，重视海外同胞的力量。每年组织评选在海外长期从事陶瓷文化事业并做出突出贡献的华人华侨，给予政府表彰。

第四，支持具有影响力的非遗传承人、工艺美术大师、文化名人建设非营利性的博物馆、美术馆和纪念馆，在审批门槛和规划用地上给予政策倾斜。让城市处处有公共文化机构，让博物馆、美术馆和纪念馆走进社区，真正融入城市的每个角落。

第五，开展本市中小学校的陶瓷文化知识普及与教育培养，做到"每个景德镇人走出去，都是一张城市宣传名片、文化交流的窗口"。

5.3　打造产业生态圈　提升景德镇先进陶瓷产业能级

5.3.1　景德镇先进陶瓷产业基本情况

（1）产业发展历程

景德镇生产先进陶瓷（高技术陶瓷）始于20世纪60年代，20世纪末以来发展迅速，产品广泛应用于航空、广播、电视、通信、导航、电子、冶金、矿山、化工、工业高频加热等领域。2008年前后，景德镇市提出了"积极转变经济增长方式，构建高新技术陶瓷为核心竞争力的新产业格局"的产业发展思路。2021年3月，景德镇市出台《景德镇市工业倍增三年行动计划（2021—2023年）》，提出了"陶瓷产业三年过千亿"的战略目标。2021年9月，景德镇市进一步提出"让先进陶瓷产业在新发展阶段引领全市陶瓷产业发展，让陶瓷产业真正成为富民产业，成为支撑景德镇高质量跨越式发展的产业"。由此，景德镇先进陶瓷产业进入新的发展阶段。

（2）产业发展现状

经过 50 多年的积累发展，景德镇市已经形成以浮梁县、昌南新区、高新区三大先进陶瓷产业集聚区为主，其他县（市）区先进陶瓷产业（企业）为辅的产业格局。目前，景德镇市具有一定规模的先进陶瓷企业合计 86 家，总产值约 45 亿元人民币。其中，景华特种陶公司生产的氧化铝陶瓷被应用于"嫦娥三号"探月工程的零部件；华迅特种陶公司生产的碳化硼防弹陶瓷被应用于国防航空领域；兴勤电子公司的压敏、热敏电阻器产品和日盛电子公司的压电陶瓷的产销量，在全国乃至于世界都排在前列。

（3）产业发展特点

第一，部分产品占据国内外市场较大的份额。景德镇先进陶瓷企业主要集中在 95 氧化铝陶瓷、压电陶瓷等产品领域，约占全市先进陶瓷企业总数的 70%。95 氧化铝电真空陶瓷产品具有较强的市场优势，占据国内约 1/3 的细分市场。另外，压电陶瓷大功率换能元件、雾化片、美容片、胎心片、超声传感器等产品，具有较强的国际竞争实力，如兴勤电子是压敏、热敏等敏感陶瓷元件全球三大生产商之一。

第二，初步形成先进陶瓷产业集群和产业园区。景德镇先进陶瓷企业相对集中在昌南新区、浮梁县、高新区三个区域，已形成较为完整的产业链和产业园区。其中，昌南新区共有规上先进陶瓷企业 16 家，先进陶瓷高新技术成果和产品有 300 多项，营业收入 13.9 亿元，占景德镇先进陶瓷比重为 31%。高新区先进陶瓷企业 15 家，其中规上先进陶瓷 6 家，年产值 2.9 亿元，拥有各类专业技术人才 400 多名。

第三，全产业链招商等新型招商模式初显成效。自 2021 年底以来，景德镇市在发展先进陶瓷产业过程中，大力推行全产业链招商、精准招商、政产学研招商、以商招商等新型招商模式，招商引资、招商引智效果逐步显现。江西透光陶瓷新材料有限公司投资 50 亿元建设的透光陶瓷新材料光伏陶瓷板项目、宁波敏特传感器有限公司投资额超亿元的先进陶瓷数字化生产线项目等先后落户昌南新区。

第四，先进陶瓷科研成果产业孵化转化进展明显。景德镇市现有景德镇陶瓷大学、国家日用及建筑陶瓷工程研究中心、轻工业陶瓷研究所、景德镇陶瓷研究院（江西省陶瓷研究所、景德镇市陶瓷研究所）、景德镇特种工业陶瓷研究院等众多先进陶瓷科研创新平台，先进陶瓷技术研发成果的产业孵化、转化助力景德镇先进陶瓷产业的高质量发展。高新区与哈尔滨工业大学合作，引进贾德昌教授团队，设立"先进材料与绿色制造技术工信部重点实验室景德镇研究中心""哈工大特种陶瓷研究所景德镇研究中心"，着力打造先进陶瓷创新研究院集群，推动先进陶瓷关键技术研发和科研成果转移转化。

第五，先进陶瓷产业高质量发展的营商环境良好。景德镇市在 2022 年推进"双一号工程"的过程中，大力开展"千干入万企"摸排工作，发动各级干部下基层、进企业，听意见、解难题，积极宣传各项惠企政策，对先进陶瓷产业进行逐一摸底，进而为后续服务精准定位。为全面落实优化营商环境政策，推动先进陶瓷产业发展，景德镇市正在积极打造"景快办、办德好、镇暖心"营商环境品牌。

5.3.2　景德镇先进陶瓷产业存在的问题

对标先进陶瓷产业发展规律、江西高质量发展要求和景德镇先进陶瓷产业发展目标定位，主要有以下五个方面的问题：

（1）产业生态圈集聚效应不显

从空间布局来看，景德镇先进陶瓷企业主要分布在昌南新区、浮梁县湘湖片区，并在这两个区域形成了一定的相对集聚分布，另外在高新区和珠山区等地也有零星分布。从整体看，景德镇先进陶瓷产业生态圈集聚程度不高，产业总体处于分散状态，只有一定数量企业相对集中，没有形成标志性特色产业园区。同时，先进陶瓷产业集群效应不佳，企业间关联度不够，黏合度不强，各自为战，没有形成产业集群的合作与竞争关系，从而无法产生产业集群外部经济效应、交易成本节约效应、集体协同效应与学习创新效应等。

（2）产业规模结构不佳

景德镇近半企业年产值不足千万元，年产值最大的个别企业不过在亿元左右，年产值小的仅几百万元。"企业偏小、龙头不强"的产业规模结构导致全产业生产能力低、市场占有率不高和产品缺乏自主知识产权等问题。2021年，景德镇先进陶瓷总产值45亿左右，占全市陶瓷产业总产值比重不足9%，先进陶瓷产业对景德镇陶瓷产业的引领带动作用不强。

（3）产业生态链发展不全

先进陶瓷产业生态链包含上游陶瓷粉体原料供应、中游零部件加工与制造、下游先进陶瓷产品应用三部分。景德镇市的先进陶瓷企业多为产业生态链中游的陶瓷元件企业，缺乏关联的陶瓷粉体制备、元件设计等上游企业，也缺乏器件或商品开发的下游企业。产业生态链的不完整使景德镇先进陶瓷企业上下游配套不足，增加了交易成本；中游加工处于"微笑曲线"低附加值区间，企业难以提高产品的经济效应。同时，在生产设施配套方面也存在着不足，特别是在先进陶瓷专用生产设备、先进智能窑炉、精密模具加工制造等产业链关键配套环节项目上比较欠缺，氧化铝电镀生产环节存在较大问题。另外，产品开发和性能测试的科研检测机构与平台也较为缺乏，这些都加剧了先进陶瓷产业链的不完整性。

（4）创新驱动产业发展动力不足

一是先进陶瓷企业投入不足、创新能力低。很多企业研发投入不足销售的3%（一般高科技企业的常规标准）。从创新能力看，拥有发明专利的先进陶瓷企业只是极少数，拥有实用新型专利的企业也不过半数，参与国家级标准制定的只是个别企业。二是先进陶瓷创新平台支撑不足。景德镇先进陶瓷企业创新平台建设意识差，自有创新平台数量少、级别低，拥有创新平台的先进陶瓷企业大约只占20%，其中，只有个别企业拥有省级创新平台。同时，由于景德镇先进陶瓷企业的科技合作少，在景高校、科研院所对先进陶瓷产业技术创新支撑力度不足。

（5）产业科技攻坚人才支撑不力

景德镇先进陶瓷企业普遍存在研发人员数量少、学历职称较低、高层次人才和关键技术人才严重缺乏等突出问题。由于研发人员缺乏，很多先进陶瓷企业没有独立的研发部门，往往由企业负责人全面负责生产问题解决和新产品开发。景德镇市现有先进陶瓷企业相当一部分脱胎于原三线电子陶瓷厂，很大一部分技术人才和管理人才来自于原厂，学历职称较低。另外，高性能碳化硼陶瓷结构均匀性控制技术、低温快速烧结致密化技术、中低温陶瓷封装焊接技术和批量稳定制备等关键技术人才非常缺乏。

5.3.3　提升景德镇先进陶瓷产业能级的对策建议

将市场需求大、发展前景好、附加值高的先进陶瓷作为产业发展的主攻方向，是加快工业倍增、打造千亿陶瓷产业、推进景德镇国家陶瓷传承创新试验区建设的内在需求与关键一招。要借鉴国内外先进陶瓷产业发展经验，瞄准景德镇先进陶瓷产业发展难点、痛点、堵点，打出组合拳，打好攻坚战，做大做优景德镇先进陶瓷产业。

（1）规划引领，打造景德镇"一休两翼三轴"先进陶瓷产业生态圈

以做好园区建设发展规划、产业集群发展规划和产业发展规划的衔接为抓手，以"抓点连线扩面强体"为基本思路，突出龙头企业带动，通过引进、培育发展一批主业突出、核心竞争力强、带动作用大的优秀先进陶瓷龙头骨干企业；建设一批各具特色的先进陶瓷产业重点园区和产业带，推进集群创导，强化产业集聚效应，打造景德镇"一体两翼三轴"先进陶瓷产业生态圈。

"一体"指的是昌南新区先进陶瓷产业集聚区。突出"瓷业高地、产业新城"的发展定位，重点发展压电陶瓷元器件生产，打造昌南新区先进陶瓷产业核心区。以江西戎创铠迅特种材料有限公司为龙头骨干企业，引导压电

陶瓷企业入园聚集发展，打造压电陶瓷产业集聚区。

"两翼" 指的是形成高新区、浮梁产业园先进陶瓷产业集聚区。高新区、浮梁产业园重点发展氧化铝陶瓷生产，分别以景德镇百特威尔新材料有限公司、景德镇创佳航空特种陶瓷有限公司为龙头骨干企业，引导氧化铝陶瓷企业入园聚集发展，打造氧化铝陶瓷产业集聚区，成为先进陶瓷产业发展腾飞的 "两翼"。

"三轴" 指的是珠山区、昌江区、乐平工业园先进陶瓷产业集聚区。珠山区、昌江区、乐平工业园应结合自身产业基础条件，错位发展生物陶瓷、电子陶瓷等，融入景德镇先进陶瓷产业集群，形成先进陶瓷产业集群的驱动轴。

（2）引培联动，促成 "头雁引领，群雁齐飞" 的雁阵型产业生态圈结构布局

一是龙头企业的引培，形成景德镇先进陶瓷产业的 "头雁引领"。可以先以日盛电子、兴勤电子为骨干企业，引导市内压电陶瓷企业入园聚集发展，重点围绕压电陶瓷元器件生产企业，逐步构建以龙头骨干企业为核心、上下游协作配套、产业链相对完整的先进陶瓷产业生态圈。支持龙头开展跨领域、跨区域的兼并重组和战略合作，鼓励企业发挥比较优势向上下游延伸，打造供应链、产品链、创新链于一体的企业航母，引领景德镇先进陶瓷产业发展。积极探索兼并、收购，以股份制经营、授权经营等方式培育发展景德镇先进陶瓷产业的总部型、品牌型、上市型、产业联盟主导型龙头企业。在压电陶瓷方面建成产业集群园区的基础上，完备园区创新体系，支持龙头企业争取行业领先，打造国家压电陶瓷发展样板区，示范和引领其他先进陶瓷产业发展。

二是地标型企业、优势企业、小微企业引培，形成景德镇先进陶瓷产业的 "群雁齐飞"。首先，建立涵盖专利数量、研发投入、技术水平、市场潜力、研发进展等指标的遴选指标体系，按照中标企业年利润一定比例进行奖

励，着力发展一批具有潜力的中型企业打造为地标型企业。其次，鼓励深耕细分领域企业通过创新开发、技术改造、产线升级等方式错位竞争，按照"一企一策""一事一议"原则基于资金支持，打造一批独角兽企业和瞪羚企业。最后，出台贴息贷款、税收返还等配套政策，支持龙头企业建设先进陶瓷孵化器、加速器和研发服务外包基地，吸引小微初创企业落户，与龙头企业联动打造"互惠互利、协同共生"的市场竞争格局。

（3）延补强结合，塑造"关键材料+关键器件+关键应用"全产业链生态圈

一是搭建产业集群招商引资平台，采取问题导向原则，全面引进先进陶瓷产业链的上游原料，下游的营销服务、物流体系，以产业链集群优势吸引行业领军企业进驻，实现产业链、供应链配合衔接。紧盯产业功能配套和上下游开展招商，以目前景德镇优势压电陶瓷和氧化铝陶瓷产业为先导，补足产业链、强壮产业链，打造有示范效应的标志性产业链生态圈。首先，在上游原料供应方面，加速先进陶瓷产业园陶瓷粉体应用和开发平台的建设，广泛征集社会资源和项目入驻中心，充分利用中心的设备和资源，吸引更多优质企业入园孵化和落地。其次，在下游产品应用领域，把握先进陶瓷发展方向，以市场需求为导向，主攻"通信电子、新能源"两大应用领域，错位发展，培育"航空航天、生物医疗、节能环保、国防军工"四大应用领域，同时积极引进透光陶瓷新材料项目、化合物半导体项目、5G换热及超导换热项目等先进陶瓷产业重点项目，塑造"关键材料+关键器件+关键应用"全产业链。

二是在项目上精准导入。把先进陶瓷企业及其上下游配套产业纳入招商目标，制定先进陶瓷企业数据库。积极推进和景德镇陶瓷大学等相关科研团队深度合作，通过"政府招商团队+高校学术团队"的合作模式，促进产学研用一体化。建立先进陶瓷产业链"链长制"，围绕先进陶瓷领域，主动精准建链、延链、补链、强链，扩大产业规模。

三是完善配套设施，支持景德镇设立集检验检测、标准制定、技术研发、技术培训及技术服务为一体的国家电子陶瓷产品质量监督检测机构，面向全国各类电子陶瓷提供检验检测服务、开展检测技术研究开发等工作，助力构建完整产业链。

（4）产学研协作，构建产学研用一体化产业创新生态圈

一是建立 "高校研究机构+平台+基地" 三位一体的发展模式，形成产学研用一体化生态创新体系，实现全创新链融合、全产业链联合、全要素链整合，推动项目、人才、平台、金融、基地的全要素协同创新发展，建立科研容错机制，完善技术创新和产业生态环境。

二是推进景德镇先进陶瓷企业与景德镇陶瓷大学、国家日用及建筑陶瓷工程研究中心、轻工业陶瓷研究所、景德镇特种工业陶瓷研究院等科研创新平台联动合作，实现科技与产业结合、研发与需求结合、技术与资本结合，建立标准的成果仓库，实现供需精准匹配，强化重大科技贡献，促进成果转化与服务经济的能力，提升先进陶瓷产业的品质、效能、效益。

（5）引育聚用协同，开创产业引才育才聚才用才新格局

一是促进形成 "政府引导、市场主导、企业主体" 的引才育才聚才用才机制。聚焦先进陶瓷企业人才需求，深入项目一线、生产车间等工作一线加强调研，优化完善人才政策，主动破解企业急需紧缺人才需求难题，全面梳理总结、分析研判景德镇市人才政策实施情况，系统评估人才计划实施成效，科学编制人才发展规划。加强国际与区域深度合作，建立先进陶瓷产业引育创新人才团队，建立分层次、多领域的引才育才聚才用才平台。

二是加大与高校、科研院所的交流合作。深化产学研用合作，精准引育与支撑先进陶瓷产业集群相适应、相匹配、相契合的人才，实现人才发展与经济社会建设深度融合。鼓励先进陶瓷企业深挖自身人才资源，加大关键领域人才培养力度，有效提升企业整体学历水平和人才专业素质；实行 "订单式" 委托办班模式，与相关高校签订培训计划，系统提升企业技术创新、技

术攻关等能力；借助各级各类创新创业项目联合企业申报等模式，积极推动企业参与学校学生培养；并将现代陶瓷材料产业学院延伸至景德镇先进陶瓷企业，充分利用企业的产业经验和实践等优势，培养具备产业素质的人才。

三是围绕景德镇招才引智困局，突破地域条件限制，大力推进柔性引才新模式——"人才飞地"建设，以产学研融合为切入点，引导支持企业在人才和科技资源丰富的发达城市设立研发子公司、校企共享实验室、专家工作站等，建立"异地研发、驻地招才、本地转化"的协同引才用才模式，实现"不求为我所有，但求为我所用"的引智工作目标。

第6章

加快『景漂』人才集聚的对策研究

6.1 发挥政府的引导作用

6.1.1 强化政策支持,加大创新资金投入

加快"景漂"人才集聚要充分发挥政策的支撑功能,要强化政策支持,从宏观上引导人才集聚,进而推动景德镇陶瓷文化产业生态健康发展。人才集聚可以激发产业的创新活力。创新活动在某种程度上属于团队协作完成的创造性活动,没有团体的互相配合,个体的力量很难得到充分发挥。人才集聚、产业集聚可以有效推动区域内创新能力的提升。人才集聚会为产业的发展带来许多积极作用,一方面会为产业的发展提供一定的人才基础;另一方面会在很大程度上提高产业创新的积极性,为产业持续发展注入创新活力。

此外,创新这项活动属于一项高投入、高收益与高风险并存的技术经济活动,而充足的资金是创新活动得以正常进行的保障①。因此,创新研究活动的正常运行,离不开政府政策的支持、离不开充足资金的保障。随着社会的发展与科技的变革,各个国家的核心竞争力与创新能力逐渐体现在对技术投入程度上。景德镇陶瓷文化产业健康发展离不开人才的集聚、离不开政府的支持。为此,地方政府应该强化政策的支持,加大区域内创新研究资金的投入,积极引进高层次科技人才,带动本地陶瓷文化产业的转型升级和健康发展。同时,通过政策引领进一步带动区域内人才聚集,促进人才集聚和产业集聚之间的高效互动,为区域创新注入不竭的源泉和动力。

---

① 李文飞. 江苏省创新型人才集聚的政策因素及对策研究 [D]. 南京航空航天大学硕士学位论文,2016.

6.1.2 提供技术支持，发挥政府引领作用

地方政府为陶瓷文化产业发展提供强有力的技术支持，不仅可以整合区域内的有效资源，还可以加快"景漂"人才集聚。技术支持对产业发展有着十分重要的作用。要想促进产业持续发展，政府必须要提供一定的技术支持。但是，政府在提供技术支持时要有导向性，应该着重为创新型人才开展的创新性研究活动提供支持，以此来促进产业创新活动或在关键技术领域的扩张与突破。就"景漂"群体而言，地方政府应该充分发挥对该群体的引导作用，为其从事陶瓷创新活动提供技术培训、技术支持与发展平台。与此同时，政府还应在宏观层面调控人才集聚的质量与数量、产业的发展规模与方向，合理调配区域内的各类资源，在推动陶瓷文化产业健康发展的过程中充分发挥引领作用。

在数字化的浪潮下，技术的革新对社会的生产和生活产生了深刻影响。地方政府应该加大数字基础设施建设，全面落实国家政策，为产业的转型发展提供数字技术支持。此外，自国务院正式批复景德镇国家陶瓷文化传承创新试验区建设以来，景德镇陶瓷文化产业的发展进入了新的发展阶段，同时也迎来了新的机遇与挑战。在此背景下，地方政府要在数字技术方面加大对景德镇陶瓷文化产业的支持，积极引进数字化领域和陶瓷文化领域的高层次人才，推动陶瓷文化产业与数字经济的融合发展，引领景德镇陶瓷产业向数字化方向转型发展，助力产业转型升级，进而帮助其把握时代机遇、顺势而上。

6.1.3 提供制度保障，确立人才优先地位

加快"景漂"人才集聚就是要确保人才优先发展的地位，为人才集聚提供制度保障。迈入新时代以来，创新驱动和人才优先发展已成为我国经济发

展的重要战略。近年来,景德镇政府和地方高校对人才引进工作的重视程度
虽然有所增加,但在制度上对人才优先发展的强调还不够。从我国当前的实
践来看,经济较为发达的地区往往有着更为完善的人才引进制度和健全的运
行机制,而经济发展较为落后的地区在这一点上明显做得不够。人才集聚是
文化产业持续健康发展的重要基础,景德镇要进一步深化和贯彻人才优先发
展的理念,从制度上为"景漂"人才集聚提供坚实保障。

一方面,地方政府要深刻认识到确立"景漂"人才优先发展的地位对于
景德镇陶瓷文化产业发展的重要性,落实人才优先发展布局,然后从人才优
先发展的理念出发在宏观层面调控相关制度以及管理工作的创新和推进;另
一方面,在景德镇陶瓷文化产业转型发展的过程中,要充分发挥"景漂"人
才在各个环节的引领和带动作用,推动产业发展和经济建设的同时也要推进
人才的同步建设,谋划经济社会事业发展时同步谋划人才事业发展。此外,
还要增强人才优先发展的保障措施,除了制度上的保障以外,还要加大对
"景漂"人才的资金投入,从多方面吸引优秀人才留景、来景发展,进而加
快"景漂"人才集聚,推动景德镇陶瓷文化产业生态健康发展。

6.1.4 优化人才引进政策,吸引人才来景发展

作为"千年瓷都"的景德镇在国内外享有盛誉,并且拥有十分丰厚的历
史文化底蕴,数千年的发展使景德镇已具备较为完整的产业链。景德镇发展
陶瓷产业的历史十分悠久,但现在的经济实力却落后于其他陶瓷产区。尤其
是数字化浪潮兴起以来,景德镇陶瓷文化产业的经济效益与广东佛山、湖南
醴陵等地的差距持续加大。究其根本,数字技术领域高层次人才短缺是制约
其发展的重要原因之一。

近年来,景德镇市通过人才引进计划、人才高地建设以及人才培养计划
等一系列措施的实施,在集聚"景漂"人才方面取得了一定的成效。但是,
从整体上看,景德镇的人才引进政策以及激励制度还与毗邻的长三角和珠三

角地区有一定的差距。因此，在"十四五"期间，景德镇应充分考虑地方经济发展优势以及当前经济发展中所存在的不足，深入分析景德镇市陶瓷文化产业进一步发展所面临的数字技术人才问题。一方面，景德镇可以学习借鉴国内外具有代表性的人才引进政策，尤其是长三角、珠三角等地产瓷区的人才引进政策以及相关人才激励政策，在借鉴外部经验的基础上，结合自身的实际发展情况有效制定相应的人才引进政策。为高层次优秀人才留景创业、来景发展提供子女教育、医疗保障等方面的保障机制，加快推动"景漂"人才集聚。另一方面，地方政府要加大力度支持陶瓷文化产业的发展，为陶瓷企业搭建对外学习交流的平台，为基层从业人员提供创新创业的扶持和补贴，凝结地方高校的力量搭建转向实验室以及科研平台，加大陶瓷与科技融合发展的研发投入和扶持力度。

人才是产业发展的重要推动力。地方政府要完善"景漂"人才的管理制度，在资金和政策上对人才适度倾斜，引导和鼓励陶瓷文化企业建立完善的培训体系，不定期组织企业内部员工交流学习，掌握行业内最新资讯，营造良好的企业学习氛围，增强高层次人才的凝聚力和归属感，推动人才培养常态化发展。此外，地方政府还要多层次壮大"景漂"人才队伍，既要从国内外积极引进高层次人才，也要对景德镇现有的人才队伍进行有效激励，还要对潜在的人才进行有效吸引。

6.2 发挥高校对人才集聚的协同效应

6.2.1 高校为"景漂"人才集聚提供数量上的支持

地方高校是人才聚集的主要场所，高等教育是高素质人才的主要培养方式。当前,我国已进入高等教育大众化阶段,高素质人才随着社会发展的脚步稳步提升。改革开放以来,各高校培养了一大批专业人才,他们在各个领域里发光发热,为社会经济发展做出了极大的贡献。从本质上看,高校已成为我国人才生产和再生产的核心基地,全国人口素质的提高离不开高校的发展。同时,地方高校也为区域人才集聚以及产业发展提供了源源不断的人才支持。地方高校和地方科研平台既是区域人才的主要集聚地,也是地方高层次人才的主要培养平台与重要输出窗口。"景漂" 人才集聚需要景德镇各大高校和科研院所等多方主体共同作用,只有这样才能充分激发 "景漂" 人才的活力。

为加快 "景漂" 人才集聚,推动景德镇陶瓷文化产业健康发展,地方政府要积极为地方高校和陶瓷企业牵线搭桥,为其提供良好的科研平台和发展环境,协调多方主体共同参与推动人才集聚,持续完善本地的人才引进机制。一方面,要充分利用高校的资源和平台培养应用型人才,加强区域内校企合作的深度与广度,加大力度培养应用型人才和复合型人才,为地方陶瓷文化产业的发展注入活力。此外,高校还要加快创新科研成果的转化,实现 "产学研" 的深度融合与发展。另一方面,在加快 "景漂" 人才集聚的过程中,要加强地方政府、陶瓷企业与地方高校之间的合作与交流,充分调动各方力量加快城市的人才集聚。对于区域内的现有人才队伍,要给予政策上的激励与引导:一是要激励其保持创新活力,持续为产业发展贡献力量;二是要统筹引导各类人才外出交流和学习,不断开阔眼界,为 "景漂" 人才集聚提供多元平台和广阔的发展空间。

6.2.2　校友资源在区域人才集聚中发挥着特殊作用

校友是高校和外界社会连接的桥梁,是一种特殊的社会资源。现代高等教育多年发展的实践证明,校友是扩大学校影响力和推动地方经济发展不可或缺的力量,校友往往可以提供更为可靠、更为丰富的就业资源,对人才的就业和人才走向具有一定的影响力。人力资源对于区域经济的发展乃至产业发展都有着十分重要的作用，校友资源是人力资源重要的组成部分。在社会发展过程中，人力资源可以转换成社会生产和生活最需要的产品或服务，进而帮助企业增加产出①。人才是技术支持和劳动付出的载体，人才的集聚可以帮助企业提高产值，增加经济效益，进而推动产业持续发展。

地方高校聚集了高素质、高水平、高能力的人才，他们既是区域产业发展的基础，也是地方经济发展的重要力量。景德镇聚集了多所以陶瓷为特色的高校，例如，景德镇陶瓷大学、景德镇艺术职业大学、江西陶瓷工艺美术职业技术学院等，这些地方高校多年来为陶瓷文化产业的发展培养了许多杰出的人才，为景德镇陶瓷文化产业的发展贡献了重要的力量。杰出的校友往往会吸引大量的本校人才，有利于基于校友团队而形成的人才聚集效应，这样的人才集聚效应会比一般的人才集聚效应持续的时间更加长久。此外，高素质人群往往会更加注重生活品质的提高，这会刺激区域内的消费水平，消费结构也会随之变化。当前，服务型消费正在成为消费领头羊，而高校人群消费欲望强烈，可以引领景德镇市品质消费，提升地区消费结构优化。因此，加快 "景漂" 人才集聚离不开对校友资源的挖掘，有效整合校友资源既可以推动区域人才的流动，也可以加快区域内 "景漂" 人才的集聚。

6.2.3 开展校企合作，留住高校人才

随着中国创新驱动发展战略的实施，企业对应用创新人才的素质要求越来越高②。当前，校企合作是地方高校落实国家发展战略和促进区域经济发展的重要方式。从各大高校校企合作的实践来看，校企合作可以在一定程度

---

① 张效诗，吉海燕. 高校人才聚集正效应分析——以南通为例 [J]. 湖北开放职业学院学报，2020，33（3）：59-60.

② 张国峰，汪江. 转型高校多主体校企协同育人机制建构 [J]. 中国冶金教育，2020（4）：39-43.

上提升学校和企业的创新能力,既能促进地方标志性成果的落地,也能实现高校培养应用型人才的目标。在新的历史条件下,景德镇陶瓷文化产业要想持续健康发展,就需要不断培养和引进具有应用创新能力的人才,为企业持续注入发展的动力和活力。

有效的校企合作离不开学校和企业的共同合力,只有校企双方共同推进协同育人机制,在优势和资源上实现互补共享,校企合作的目标才能真正实现。校企合作的方式有很多种:一方面,高校可以借助企业资源,建设学生实习基地,借助企业专业人才加强对学生的专业培训,这样既可以更好地提高学生的实践能力,也可以帮助高校达成培养应用型人才的目标。另一方面,企业可以借此机会加强与高校之间的各项合作,这样既可以加快高校创新科研成果的转化,也可以通过实习基地的建设吸纳高校优秀人才,在其实习过程中,还可以促进其理论学习转化为实践能力。此外,就景德镇陶瓷文化企业而言,企业还可以利用股权激励高校教师参与项目的开发与合作,股权激励不仅可以解决利益分配的问题,还可以激发教师与企业深度合作的积极性。教师本身也属于优秀人才,企业要积极与优秀的教师建立合作关系,进而提高其创新能力。因此,加强地方校企合作,可以在一定程度上吸引优秀人才留景发展,进而加快"景漂"人才集聚。

6.2.4 高校为景德镇陶瓷产业发展提供人才支撑

景德镇各大高校为景德镇陶瓷文化产业的发展和社会经济水平的提升提供了极大的人才支持,这是产业可以持续发展的重要保障。进入新时代,复合型人才、应用型人才培养成为高校新的发展目标。

复合型人才的培养更加强调学科的交叉融合,旨在打破学科壁垒,培养具有跨学科视野和思维的新型人才。学科交叉与知识融合是我国当今社会的重大特征和发展趋势,产业的持续发展离不开复合型人才的支撑。从当前的实践来看,各大高校纷纷开设各类交叉学科和交叉课程,景德镇各大高校也是如此，逐步将陶瓷与材料、机械、电子、经济等各领域融合，不断发挥自身优势，打造区域特色学科，为陶瓷企业培养复合型人才，为陶瓷文化产业发展注入新的活力。

应用型人才的培养则更加侧重培养学生理论与实践结合的能力，着力培养生产实践等领域的高技能型人才，这也是各类制造企业所需要的人才。景德镇各大高校应从人才的应用性、课程的应用性以及教学成果的应用性三个方面出发加大力度培养应用型人才，构建一个产学研相结合的创新培养体系，进而推动景德镇陶瓷文化产业的长足发展。从景德镇现有高校的整体情况来看，大多数学校的办学层次不够高，这也在一定程度上限制了应用型人才、高层次人才的培养规模。因此，景德镇还应加强本地高校建设，充分利用地方资源以及地方特色来提升办学的层次和水平，从质量上提升高校的集聚水平，这样既可以有效促进"景漂"人才的集聚，也可以有效推动地方陶瓷文化产业的健康发展。

6.3 加快发展高新技术产业

6.3.1 充分发挥地方优势，构建特色高新产业集群

当前，陶溪川文创街区、三宝国际陶艺村是景德镇陶瓷文化产业发展的标志性成果，也是"景漂"人才的主要聚集地之一。景德镇要充分考虑到自身的发展优势，依托当前的文创开发区，进一步发展高新技术产业，将高新技术与当前的产业发展特色相结合，拓宽陶瓷文化产业的规模和业态，构建特色高新产业集群。产业集聚的质量与规模会影响人才集聚的质量与数量。面对当前高精尖人才短缺的问题，发展高新技术产业是景德镇陶瓷文化产业

健康发展的必经途径之一。

陶瓷产业一直是景德镇经济发展的支柱性产业,进入新时代以来,陶瓷文化产业成为景德镇经济发展的新增长点。景德镇本地特色高校集聚,教育资源丰富,地方特色鲜明,且地处东部经济带,水陆交通运输便利,有良好的产业发展条件。

此外,景德镇陶瓷文化产业正处于转型发展阶段,有着十分完善的传统制瓷体系。但在现代化的转型过程中,传统陶瓷产业发展却较为缓慢。在这种情况下,景德镇要重点关注区域内高新技术产业的发展情况,发挥其带动作用,不断优化传统陶瓷文化产业的发展结构,拓宽高新技术的应用范围,带动相关产业链和关联产业集聚,提升陶瓷文化产业的配套能力,进而将景德镇本地的资源优势转化为经济优势。同时,景德镇还应充分发挥区域优势,加快发展高新技术产业,加快先进陶瓷、高新陶瓷等新兴陶瓷的研发,不断提高高新技术陶瓷在整个陶瓷文化产业中的占比,进而形成具有区域特色的高新技术产业集群,吸引各地高精尖人才来景发展,加快实现"景漂"人才集聚。

6.3.2 优化产业发展环境,吸引高精尖人才集聚

吸引高精尖人才集聚除了需要特殊高新产业集群外,还需要营造良好的人才聚集机制和发展环境。景德镇陶瓷文化产业的发展环境往往影响着"景漂"人才的集聚。现阶段,景德镇产业发展特色较为鲜明,主要以陶瓷产业为主,对于陶瓷领域的从业人员有较强的吸引力,但仍然存在区域内陶瓷文化产业布局不集中、发展环境不够好、规模效应不强等问题。为了提升"景漂"人才集聚的质量,景德镇要不断优化产业发展环境,充分吸引高精尖人才来景发展。

一方面,景德镇要优化人才的工作环境,既要改善城市交通、社会治理等社会环境,也要改善政府对人才的资金支持、政策倾斜等政策环境,还要

改善科研平台、实验室、相关配套设施建设等创新环境。这些环境的改善显示地方对人才的重视程度，为高精尖人才来景发展营造良好的氛围。另一方面，景德镇要结合陶瓷文化产业的布局情况和人才分布情况，积极打造产业创新创业平台，整合区域内有效资源，助力高精尖人才的引进和培养。从陶溪川文创街区的实践来看，创新型发展平台对于人才集聚有非常大的作用，陶溪川现已成为"景漂"人才的主要聚集地之一。吸纳陶溪川文创街区的发展经验，景德镇应持续打造不同类型的产业创新创业平台，为陶瓷文化产业的发展提供不同层次、不同领域的人才支撑。此外，对于区域内现有的科创平台、众创空间、各类企业园等发展平台，景德镇要对其加以整合，以构建高新技术产业集群为发展目标，整合现有的平台和资源，加强区域内各类平台的集聚，这样有利于区域创新能力的提升以及产业创新平台层次的提升。

6.3.3 完善人才培养体系，健全产业配套机制

高精尖人才对于区域内高新技术产业的发展起着支撑作用。近些年，景德镇人才流失严重，本地高校培养出来的许多优秀人才毕业后都流向了东南沿海一带的产瓷区。对于本土培养出来的人才，地方政府和企业应该要使其留得下来；对于其他地区的优秀人才，政府和企业也要引得进来。归根结底，景德镇需要持续完善人才培养体系和人才引进政策，对"景漂"人才要实施"引得进、留得住、能发展"的标准，不断健全区域内的产业配套机制，吸引"景漂"人才积极投身到陶瓷文化产业的建设中去。

一方面，要着眼于高新技术产业的急需人才，对于高精尖人才的引进和培养开通"绿色通道"，简化这类人才的引进手续和流程，解决其家属及配偶子女的随迁随调问题，并为其提供相关的科研设施以及启动经费，保障其科研工作的顺利开展。另一方面，在完善人才培养体系的过程中，要重视区域内产学研的深度融合，在培养学生的过程中挖掘有潜力的学生到企业实践，高校要积极引导和鼓励优秀校友留景就业、留景创业，充分挖掘区域内的优

秀人才资源，重点培养陶瓷文化产业发展的急需人才和高精尖人才，加大对人才培养的资金投入，科学管理人才的现代化建设。此外，还要不断健全陶瓷文化产业的相关配套设施，配套设施的建设对于产业的整体发展有着至关重要的作用，完备的产业配套设施可以推动产品以及服务的创新。健全陶瓷文化产业的配套机制，不仅有利于"景漂"人才集聚，还有利于区域内形成高新技术产业集群，进而推动景德镇陶瓷文化产业生态的健康发展。

6.3.4　构建特色区域文化，增强"景漂"人才凝聚力

区域特色文化是区域经济发展的灵魂，且对于区域内产业的发展具有引导作用。一般来讲，具有代表性的、被广泛接受的区域文化理念往往会加强区域发展的凝聚力，并且会促使该区域形成良好的精神风貌。目前，景德镇以发展陶瓷文化产业为主，面对景德镇陶瓷这一老字号品牌，区域内一些陶瓷企业遵循产业发展规律，严格把控品质与服务，坚守景德镇陶瓷这一千年品牌。同时，也有部分企业损害景德镇陶瓷这一千年品牌，产品以次充好欺骗消费者消费，透支景德镇陶瓷品牌的信誉与声誉。针对这一现象，地方政府除了要加强市场监管以外，还应该构建特色区域文化，从文化理念上引导各类陶瓷企业良性竞争、健康发展，进而增强"景漂"人才的凝聚力与向心力。

一方面，要广泛采纳政府、企业、高校等社会各大主体的意见，共同构建具有广泛认同性的区域文化，这样有利于该理念后续的宣传与践行，进而在景德镇整个陶瓷文化企业范围内，形成尊重文化、保护区域品牌的良好氛围。另一方面，在陶瓷文化企业内，要加大对企业领军人才、高精尖人才、模范人才等各类人才代表的表彰，他们是区域文化的重要推广力量，也是地方经济发展的中坚力量。在文化的普及和产业的变革中，要重视领军人才的影响力以及示范带动作用，他们往往是整个产业向前发展的先行者。此外，要经常组织区域陶瓷企业间互相交流学习，在思维的碰撞中往往更能激发各

主体的创新精神和创新能力。与此同时,在构建和践行区域特色文化的基础上,各大陶瓷企业要以尊重我国陶瓷文化为前提,从企业自身的发展战略以及经营特点出发,构建独具特色的企业文化,在企业内营造良好的文化氛围,帮助员工持续成长和学习,在良好的文化氛围中推动陶瓷文化产业向前发展,进而增强"景漂"人才的凝聚力。

6.4 引导产业集聚

6.4.1 产业集聚可以吸引人才集聚

产业集聚是指在一定的地理区域内,集中聚集了各种相互关联的企业、供应商、金融机构、相关的厂商及其他相关机构等群体,这些群体之间存在合作和竞争的关系。不同类型的工业集群具有不同的深度和复杂度,是一种介于市场与等级制度之间的新型的经济空间组织形态。因而,产业集聚超出了普通行业的范畴,在一定地域范围内,形成多种行业相互融合、不同类型机构相互关联的共生体系,从而形成具有地域特征的竞争优势。产业聚集是衡量一个国家或该国家某一地区发展程度的一项重要指标。

从经济学角度看,所谓产业集聚是指某一产业高度集中在一定的地域内,产业资本要素在这个地域内持续地进行集聚的过程,其重点是对产业在地域上的分布规律进行研究,特别是对一种产业从分散到集中的动态变化过程的研究。可以说,产业集聚是产业资本要素在地域上高度集中的表现,它既体现了产业资本要素自身内在发展的规律性,又体现了产业资本要素对市场和资源配置功能发挥作用的规律性。产业集聚与人才集聚是相互依赖、相互促进的。产业集聚必然会引起人才的聚集,而人才的聚集又会导致产业集聚的规模越来越大。在某种意义上说,产业集聚既是人才聚集的原因,又是人才聚集的结果。当一个产业在一地发展到一定规模后,就会产生集聚的规模效应。在这种规模效应的作用下,企业的数量会越来越多,劳动力的需求也会越来越多,进而带来更多的就业机会。如此一来,又会吸引其他地区的大量人力资源进入到该地区。除了人才集聚外,集聚经济也促进了相关产业之间的竞争。随着市场竞争力的提升,企业的产品也更加多样化,在此背景下,产品创新便成为各个企业关注的重点,由产品创新本身的需求而引起的对创新和管理人才的需求也会进一步增加,这使劳动者的工资高于同等其他非产业集聚地区的同类企业,因而反过来也会进一步增加该集聚区对外部人才的吸引力,导致更多的人才流入产业集聚区域。

6.4.2 人才集聚可以推动区域产业结构的转型和升级

首先,高质量的人力资本将吸引大批外来资本,从而推动区域内部产业结构的调整和升级。同时,高效率的人力资本也有利于吸收外来的先进文化,尤其是对国外前沿技术进行消化和吸收,从而为产业的高级化提供智力支持,并对区域产业的整体竞争力产生一定的影响。其次,一个成熟的产业集聚区域,可以吸引高质量和高创造力的人才;发展成熟的产业集聚区往往会有其独有的品牌和极高的知名度,同时,这些品牌也会吸引更多的优质人才。高质量集聚区内的企业多为行业内的领军企业,其整体实力和竞争优势明显。这类企业有实力为高端人才提供更好的待遇和施展才华的机会,可以吸引到该产业或行业的顶尖人才,并达到人才质量提升和产业优化相互促进的效果。

产业集群中的企业因其对集群的需要而形成了规模化、专业化的生产与服务,进而使单个企业获得了丰厚的外部规模经济效益。由于劳动分工的外部化,聚集的企业能够承担一部分工作,节约了生产成本,使得产品的专业化程度进一步提高。在集群中,同一类型的企业集中在一个地方,这就使得同行之间的对比更加方便,对价格、质量和产品差异性的评价标准更加统一,这就给企业造成了更大的竞争压力。企业要想在激烈的市场竞争中获得成功，就一定要积极地引进专业的人才，利用公司所具备的人力资本优势，进行新技术的研究、新市场的开发、新竞争力的提升，从而获得更多的市场份额。与此同时，大量类似或相近的企业聚集于此，使得它们之间的沟通变得更加方便、更加频繁，并以此为契机，开展了一系列的创业、技术、管理等活动，使参加者能够相互交流、分享各自的经验及产业动态。这种便利的存在，不仅极大地减少了企业在挑选合作伙伴时所需的调研费用，还提升了合作的成功率，为企业的规模化和集团化发展创造了最大的可能性。在集群内部，企业的快速发展提高了集群企业的综合竞争力，并对集群外部的企业和人才产生了强烈的吸引力，加速了集群的发展。

6.4.3 人才集聚有利于增强产业集聚的竞争力

一个地区的产业集群不仅可以提高当地人力资本水平，降低人才集聚的成本，通过企业间的紧密联系、专业化合作和分工协作，促进人才的流动和集聚，还可以通过溢出效应，提高人才集聚的整体效率，从而在保持高人力资本强度的同时，实现专业人力资本价值的最大化，促进人才集群的发展和壮大。在产业集群发展的不同阶段，人才聚集也会发生相应的变化。在产业发展的初期，产业集群迫切需要专业的人才来从事产业的生产、研发等工作。因此，对人才的需求非常大。在此阶段，企业内部的人才聚集是以企业内部人才的成长和壮大为基础的。在成长阶段，产业集群对企业具有更强的吸引力。

与此同时，由于企业数量众多，且具有更好的发展前景，将会促进企业向外聚集，并促进企业向内维持和发展；在成熟的产业集群中，企业的规模已经趋于饱和，行业的竞争优势已经显现出来，对外部的人才是通过丰厚的物质奖励来吸引的，而对内部的人才则是通过在集群中共享的资源来维持的。在经济萧条时期，由于受到宏观环境、内在成本上升等因素的影响，企业面临着巨大的生存压力，对外部人才的吸引力降低，内部人才的创新能力降低，从而导致了人才集聚度的降低。产业集聚已经成为一个地区经济发展的主要驱动力。产业集聚的形成与发展既离不开物质资源的支持，也离不开人力资本的支持。人才集聚的先决条件是人才流动，而产业集聚就是一个吸引人才的强大拉力，产业集聚可以促进产业集聚的发展，有了强烈的人才需求，就一定要有大量的人才来支持。产业聚集是人才聚集的基础，对人才聚集具有较强的吸引力；人才聚集效应则是通过产业聚集来体现的[①]。同时，人才集聚可以增强产业集聚的竞争能力，促进产业集聚可持续发展。

6.5　创新人才激励制度

6.5.1　构建合理的薪酬体系，留住 "景漂" 人才

吸引人才和留住人才之间的关系表面上看起来很简单，但实际操作起来并不容易。如果一方不惜一切代价招揽人才，结果可想而知。如何才能 "拴住" 人才的心？从以往的经验来看，丰厚的报酬并不是唯一的办法，营造一个宽松、和谐、规范的工作环境，才能让人才充分发挥出自己的潜力，体现自己的价值。所以，企业应该积极地为这些优秀的人才提供充分的发展空间和成长机遇，从而促进他们技术水平的提升，并为他们的事业提供支撑。

任用人才与激发才能密不可分。如果没有足够的激励，就会让人才失去动力以及创造力。优厚的薪酬和良好的工作环境是对人才进行激励的重要方式，是提高人才工作和生活质量的重要措施。通过创造更好的物质环境，使

---

① 鄢圣文. 产业集聚的人才集聚效应分析 [J]. 现代商业，2015 (36)：36-37.

人才更好地发挥自己的作用。应当指出，对人才给予恰当的物质奖励，一定要和他们的功绩"匹配"，不然，就会削弱或丧失其对人才的激励功能。另外，企业激励人才的方式不能只局限于"钱"，企业经营者的敬业精神、企业文化的构建等都是激励人才的主要因素。

制定科学合理的薪酬体系是吸引人才、防止人才流失的有效方法①。随着各类高科技的持续发展，我们不难看出，当今的人才层次已经出现了一种多元化的趋势，而不再是以往的统一、固定的形式。一成不变的工资体系明显已经不能够满足不同层次的人才需求。薪酬水平反映了人才的市场价值，而物质报酬可以成为人才发展的强大物质动力。所以，企业在制定员工的工资和福利制度时，必须对此给予足够的重视，要让员工有更多的选择权，从而形成一种良好的激励机制。

6.5.2 完善人力资源管理制度，充分考虑人才需求

作为一种以人为本的管理形式，人力资源管理的主要目标是为人们提供内在的动力，并利用这种动力来努力实现组织的目标。激励是企业人力资源管理的核心，必须充分认识到奖励制度对吸引人才的积极作用。因此，提高员工的物质报酬，引入"多劳多得"的经济制度是明智的。一个优秀的人才资源管理，不会仅仅将管理的视野停留在企业的工作中，相反，他们会将视角放到工作之外的生活方面。比如，对于外地来景工作的人才，要考虑到他们的住宿问题，对于那些需要外出工作的人才要适当调整其在公司内部的工作时间等。这些考虑都为企业制度化的管理增添人性化的光辉，使得优质的人才感受到公司对其工作与生活的关心。

人力资源管理为企业的人才考虑得越周到，就越有利于企业的规范化管理。同时，从需要的人才的角度来看，他们的工作效率也会得到提升。

---

① 王瑶.现代企业吸引人才资源的策略探讨[J].中国商贸，2011（34）：240-241.

建立一套科学、合理的工资制度，可以有效地吸引人才和避免人才流失。良好的人力资源管理并不只是局限于自己的工作，还应该拓宽眼界和生活范围。例如，若招聘的人才中有外地人员，如何妥善安排处理他们的住宿问题，对于那些在外工作的人才，除了必要的工作时间以外，是否应该为他们调整休息时间等。所有这些举措都可以为体制内的人才管理带来人情味，让需要的人才感受到公司的温暖。对所需人才考虑得越多，就越能保持一个规范的制度，让所需人才充分发挥自己的工作潜力，提高为公司工作的效率，这就是人性化管理的独特魅力所在。只有建立科学、理性的制度，在工作中融入人性化管理，才能营造宽松的工作环境。马斯洛的需求层次理论认为，人类的需求是多种多样的，仅物质上的需求是完全不够的，精神上的需求同样重要。

所以，在保障人才物质需求的同时，还应为其提供适宜的精神环境。其中一种较为有效的做法，就是让员工在工作中得到满足。在引进人才时，要结合现实条件，结合其本身的素质和经历，科学、自觉地为其安排一些有难度的工作或岗位，让员工在工作中有更大的发展空间。这种方式不仅满足了人被认可、实现自我价值的心理需求，还可以在工作中对人才进行更深层次的磨炼，对其他人才进行有效的激励，对整个人才聚焦过程的良好发展和建设起到积极作用。

6.5.3　制定多元奖励机制，激发"景漂"人才创新活力

薪酬是人才价值的体现，是人才发挥能力的有形动力，有效的薪酬制度可以进一步激励员工努力工作，进而产生良好的效果。由于制度的灵活性，景德镇陶瓷文化企业可以制定独具特色的薪酬制度，一般可以采用"基本工资+奖金"模式。"基本工资"可以跟公司原来的工资体系保持一致，而"奖金"则实施不同的衡量标准和评估方法。这一模式不仅让员工能够放心地把精力集中在自己的工作上，而且还能为他们提供必要的物质奖励，以激发他

们的潜力。这样的工资体系具有一定的竞争性，其优势在于确保优质员工可以获得与其工作能力相匹配的报酬，在不增加成本的情况下，留住优秀人才。陶瓷企业陶艺企业应该积极地参加社会福利制度的改革和建设，并结合自己的实际情况，努力构建更加健全的福利保障体系。

景德镇陶瓷文化企业要因才定岗"搭平台"，通过全面优秀人才的专业特长，结合各个职能部门的优势和薄弱方面进行科学合理的分配，最大限度地把优秀人才的先进理念和业务特长与其工作岗位充分结合起来，为其提供施展才华的空间和平台，让他们能够充分发挥专长、尽快融入工作岗位。但对于人才来说，一份工作并不能决定他们的一生。一个人的事业发展与事业定位，都是通过工作而逐渐形成的。一个人最初的工作，并不一定就是最好的工作，也不一定就能最大限度地发挥自己的作用。因此，应以工作角色和职业要求的变化为基础，对人才进行智能流动和科学组合，即建立健全能进能出、能上能下的灵活用人机制，使优秀人才在多个角色中接受多样化的培训，在不同的职业中培养解决问题的能力，这将对优秀人才的作用产生积极影响，在发展中找到合适自己的角色，从而逐步实现其能力与岗位需求的有效匹配。在每一个岗位工作一段时间后，随着工作经验的积累，业务自然会更加熟练，他们通过自我发展、自我激励，增强了对企业的认同感和忠诚度。同时，企业也要提高优秀人才的团队精神，发挥协同作用。

6.5.4　完善人才政策的顶层设计，吸引人才来景发展

景德镇陶瓷文化产业要以需求为导向，不断完善人才政策的顶层设计，吸引各类人才来景发展，加快实现"景漂"人才集聚。首先，对重点行业的人才引进政策进行分门别类地优化和提升。对高端人才，对应国内的一级标准，实施"量身定制、一人一策"。同时，健全高端人才在关键行业的引才激励机制。实施"百万引才"计划，对企业和个人等在关键行业中协助引进高端人才的机构和企业，给予适当的资金支持；鼓励各行业的领军人物、学

科的权威、技术专家等回景发展，积极将有才能的人才引进本市的企业和高等院校。此外，在重点行业进一步释放用人单位的自主性，扩大 "企业自主评估" 的试点范围。支持重点行业的龙头企业以一般标准为依据，制订行业标准；支持行业协会、社会团体等具备相应条件的组织承担相应的职称评定及相应的职业资格认证工作。对重点行业的人才政策进行了梳理，并对其实施流程进行了简化。编制 "政策清单"，覆盖重点产业人才引进、培养等全过程，明确相应的政策制定与管理责任，全面梳理、整合各类人才工程与人才项目。

其次，要建立岗位分析体系，为员工激励打下坚实的基础。岗位分析为公司的招聘与选拔、薪酬与业绩评价、培训与激励等提供了依据。缺少岗位分析或者不科学的岗位分析，可能会导致下列结果：第一，没有一个统一的标准来选拔和使用人才，这不仅会导致大量的人才被浪费，还会极大地打击他们的积极性。第二，对员工的评价没有一个行之有效的标准，这就不可避免地导致了人才的业绩和薪酬的不对等。第三，很难建立起一个切合实际的职业生涯，这对于留住人才，满足他们的成长和发展需求是非常不利的。因此，在高新技术企业中，如何构建起一套行之有效的激励体系，就显得尤为重要。高新技术公司的工作分析应给予员工更多的自主权，包括工作内容、工作方式和工作时间，并允许员工自行制定工作流程。在工作过程中，随着工作范围的扩大，工作内容也会随之更加丰富，工作方式也更加趋于多样化。要让员工保持高效率的工作状态，就应当增加工作的灵活性，这种灵活性具体来说可以表现在工作时间或者工作地点上，让员工感觉工作是一个充实自己、实现自我价值的过程。

最后，要增强对 "景漂" 人才的精神激励。精神激励是人才激励的最高形式，是促进人才价值被社会认可的一种主要方式，一般通过授予荣誉称号、表彰、晋职等方式来提升各种类型的人才的社会地位和声望。精神激励对人才，特别是高级人才的激励有着特殊的意义。景德镇陶瓷文化产业可以在荣誉激励、提拔激励两个方面来增强对"景漂"人才的精神激励。荣誉激励就是对有才能的人，采取相应的奖励机制，给予相应的荣誉称号或证书；提拔激励是指对有突出贡献的人才给予提拔，或者破格提拔职称。在宣传方面，则要利用多种媒介宣传在工作中取得佳绩的优秀人才。

第7章

推动景德镇陶瓷文化产业生态健康发展的对策研究

7.1 以"产业生态化"模式发展
资源型特色陶瓷产业

在当前社会发展的大趋势下，绿色经济已经成为中国经济发展的主流，并将成为中国未来经济发展的大趋势。在这样的大趋势下，绿色的产品和消费模式将会在未来的市场上占据更大的份额。习近平总书记在全国生态环境保护大会上强调，要加快构建生态文明体系，加快建立健全以生态价值观念为准则的生态文化体系，以产业生态化和生态产业化为主体的生态经济体系，以改善生态环境质量为核心的目标责任体系，以治理体系和治理能力现代化为保障的生态文明制度体系，以生态系统良性循环和环境风险有效防控为重点的生态安全体系。近年来，景德镇顺势而为，大力推动陶瓷产业的发展，全力推进景德镇国家陶瓷文化传承创新试验区建设，推动景德镇陶瓷产业从无序到有序、从低端到高端、从分散到集中的发展格局，为陶瓷产业转型升级和打造陶瓷特色产业集群提供有力支撑。"产业生态化"就是要通过"产业生态化"的发展方式，把具有资源型特色的陶瓷产业做大做强，培育出产业链稳定、合作机制专业、竞争力强、绿色健康的特色产业集群，大幅提高产业发展的核心竞争力。目前，高质量发展逐步成为我国经济发展的主流方向，转型发展的内容包括优化经济结构、转换增长动力等。"产业生态化"就是要适应这一新常态，努力打造具有特色的新兴产业集群，建设绿色环保的陶瓷产业。只有这样，才能构建具有可持续竞争力的产业体系，支撑和推动景德镇陶瓷产业的可持续发展。

7.1.1 产业生态化与陶瓷产业相结合

自人类迈入工业文明以来,如何在生态和工业两个层面上找到一个平衡点便成为文明发展的热点话题。我们要建设的现代化,是一种人与自然和谐共生的现代化,它不仅要为人民不断增长的美好生活需求创造更多的物质财富和精神财富,还要为人民不断增长的美好生态环境需求提供更多的优质生态产品。如果把产业比作一个活化的生态系统,健康优质的产业需要土壤、种子、阳光、水和空气,还需要农民的精心呵护,这里所提出的条件在产业发展中可以是先进的技术、节能低排放的设备等。当这一思想贯彻落实到产业发展中,其本质是处理好生态与产业的关系,促进现代化的工业生产与自然生态的渗透和融合,搭建一个产业与生态协同发展的可持续发展道路。

"绿色、循环、低碳"是产业生态化的发展要求,其通过先进的生态技术,培育和发展具有高资源利用率、低排放和良好生态效益的新型产业,对传统产业进行节能、低碳和环境友好的转型,推动产业的绿色化发展。产业生态化,通俗地讲,就是产业发展的同时也要主动适应生态环境,要遵循自然规律。从广义的角度来看,产业生态化为产业体系的构建提供了新的发展方向,即在一定的地理区域内,综合考虑产业体系与自然生态系统,将产业体系与自然生态环境相关联的各种要素统筹考虑在内,参考自然环境的有机循环模式构建产业系统的生态化模式。从狭义的角度来看,产业生态化是指通过新的环保技术,实现工业的生态转型和升级,以最大限度地降低环境压力,实现经济利益的最大化。换句话说,是指在保持生态平衡、自然循环、有机发展的基础上,通过新技术实现工业的生态转型和升级,这是一条与资源节约和环境友好型社会相适应的、可持续的工业发展之路。①

产业生态化的实质就是在不同的产业、企业之间建立一个循环经济的生

---

① 何雨辰,郑兴明.产业生态化与生态产业化融合发展:实践探索与推进路径——基于福建省的考察 [J].现代交际,2023(2):59-66+122-123.

态链，以降低废物的排放，降低生态环境的污染与破坏，提高经济发展的质量与效益，实现经济的健康可持续发展。陶瓷产业作为景德镇的传统支柱产业，如何将生态化理念引入到景德镇陶瓷产业的发展中成为景德镇陶瓷产业转型发展的关键，其重点在于要以高质量发展为引领，把发展思维转换成高质量发展思维。从"要素驱动"到"创新驱动"再到"生态驱动"，从传统工业到新兴产业再到生态产业，转型的关键在于如何处理好新老动能之间的关系，达到资源配置高效化的结果，从而完成陶瓷产业的生态化转型。具体分析，主要包括三个层面：首先，在新动力的指引下，要大力引进、开发新的陶艺产业，提高资源利用率，改善生态环境。其次，要运用新技术、新理念，实现传统陶瓷产业的转型升级，实现产业的绿色转型。最后，要为产业生态链搭建一个连接平台。通过产业链和功能链的协同，构建一个完整的陶瓷产业生态圈。① 生态才是产业之本，发展之源。景德镇陶瓷产业与自然生态环境的渗透是一个循序渐进的过程，通过效仿自然生态的有机循环系统构建产业的循环体系，将产业主动适应环境作为侧重点，从而实现资源的高效利用，同时将陶瓷产业的生产活动对自然生态环境的影响降到最低。在打造陶瓷试验区的同时也吸引了一批高科技、无污染、环保节能、具有一定拉动力的项目入驻，打造绿色生态的陶瓷建材产业基地，把资源优势变成经济优势。

7.1.2　以新发展理念优化景德镇陶瓷文化产业的发展

创新、协调、绿色、开放、共享的新发展理念同样也适用于景德镇的陶瓷文化产业发展。创新驱动促进全产业全要素生产率的提升；协调发展实现多产业融合共荣；绿色发展促进陶瓷文化产业与生态环境的良性共生；开放

---

① 尚嫣然，温锋华. 新时代产业生态化和生态产业化融合发展框架研究 [J]. 城市发展研究，2020，27 (7)：83-89.

发展提升陶瓷文化产业国际竞争力；共享发展满足人民群众不同文化需求。①

第一，加强创新。景德镇陶瓷产业要以新发展理念为指导，加强技术创新和产品创新，推动陶瓷产品的升级换代，提高产品附加值和市场竞争力。陶瓷对于景德镇有着极其特殊的意义。当前，与全国乃至全世界的陶瓷行业相比，景德镇陶瓷产业存在许多抑制其发展进步的问题，包括市场趋于饱和状态、产品创新性不足、市场竞争力不强等诸多问题。企业要发展，产业要升级，经济要高质量发展，都要靠自主创新。对于陶瓷产业的转型创新而言，主要包括引导陶瓷企业提升生产数字化、自动化和智能化水平，从而提高自主创新能力。加强陶瓷企业自主创新能力，在新发展格局中找准产业的定位，不断增强景德镇陶瓷企业核心竞争力，推动陶瓷文化产业发展更上一层楼，走出一条更高水平的创新之路。

第二，绿色发展。景德镇陶瓷产业要以绿色发展为方向，加强环保意识和生态保护，推广环保型材料和生产工艺，实现陶瓷产业的可持续发展。2022年广州陶瓷工业展于6月29日至7月2日在广交会展馆A区成功举办。展会上，陶瓷行业上游的原料与设备服务商纷纷为陶瓷企业出谋划策，提供最新的原料、设备和技术。近年来，陶瓷行业的能源、原材料、人工、运输成本一涨再涨，行业加速洗牌，头部企业均在迅速扩张产能，随着"双碳、双控"进程的推进，产品差异化创新、节能减碳、智能制造成为了陶瓷生产制造的必修课。因此，景德镇陶瓷文化产业应紧跟时势，推广并使用先进环保的原料、设备和技术，使得景德镇陶瓷行业朝超智能化和绿色化生产迈进。

第三，打造品牌。景德镇陶瓷产业要以品牌发展为核心，加强品牌建设和市场营销，提高品牌影响力和知名度，推动景德镇陶瓷产业的全球化发展。陶瓷品牌形象是由原产地历史脉络、文化传承、创意设计、工艺技术、原辅材料、生产流程、质量体系、消费价格、营销策略、企业信誉等多项指标来

---

① 徐丹. 以新发展理念优化沈阳文化产业发展路径研究［J］. 辽宁经济管理干部学院学报，2023（1）：1-4.

综合评定的。要想促进陶瓷文化产业的传承与创新，就一定要充分认识到品牌的作用，因为品牌不仅是一个现代工业的综合优势，也是一个高质量产品的识别码，更是一个企业在市场上的竞争力。景德镇几千年的历史积淀，为今天的景德镇陶艺品牌建设提供了独特的人文和科技环境，我们要在继承中求变，以创新的思路，着眼全球，大胆探索和创新，以独特的文化资源，打造世界知名的陶艺品牌。一方面，在陶瓷品牌的构建上，既要加强对景德镇瓷的继承与保护，又要对景德镇"国瓷"文化品牌进行研究与整合。目前，景德镇陶瓷行业中，"红叶""景德镇""龙珠阁""玉风"等著名品牌已在国内外市场上树立起了自己的品牌形象，业绩斐然。然而，目前大部分陶瓷企业对重新塑造品牌仍存在认识上的误区。景德镇陶瓷企业唯有通过持续地创新，创造与时代需求相适应的品牌，并对其进行重新塑造，方能使其始终处于主导地位，始终保持生机勃勃的形象。景德镇瓷业要发展，必须要有一套全面的品牌策略。另一方面，品牌再造是一个重新定位、重新规划与重新管理的过程。一个品牌的建立，并非一朝一夕之功，而是要有恒久的毅力和魄力。景德镇瓷业要走高品质、可持续发展之路，就必须要有一套完善的品牌策略。创建国家陶瓷文化传承创新试验区为景德镇的发展提供了难得的契机。景德镇陶瓷文化产业要在传承传统的基础上，不断改进生产工艺，提高产品质量，利用现代化的市场营销手段，对其进行品牌再定位，进而重塑其品牌形象。

第四，加强合作。景德镇陶瓷产业要以合作共赢为目标，加强与其他产业和企业的合作，促进资源共享和互利合作，提高景德镇陶瓷产业的综合竞争力。在充分尊重市场规律，发挥市场配置资源决定性作用的前提下，健全现代陶瓷文化产业体系和市场体系，培育更多优质、有竞争力的市场主体。同时，景德镇陶瓷文化产业将先进陶瓷作为产业发展的主攻方向，扩大与其他产业和企业的合作范围，互惠互利，推动陶瓷产业结构迈向中高端、产业体系更完备、产业平台大提升、产业实力大突破。

第五，发挥文化优势。一方面，景德镇陶瓷产业要以文化创新为动力，发挥景德镇陶瓷文化的独特优势，推动陶瓷文化的传承和创新，实现景德镇陶瓷产业的文化价值和经济价值的双重提升，使陶瓷文化资源在延伸中不断增值。另一方面，积极发挥文化的价值引领作用，推动陶瓷文化产业跨界融合发展。

7.2 改善供需两侧发展思维，提高景德镇陶瓷文化产业经济效益

2019 年 5 月，习近平总书记在江西考察时提出，要 "建好景德镇国家陶瓷文化传承创新试验区，打造对外文化交流新平台"。同年 7 月，试验区实施方案获国务院批复，提出要培育陶瓷产业新技术、新业态、新模式，推进陶瓷文化与相关产业深度融合，为我国陶瓷及其他传统文化产业转型发展提供可推广、可学习的经验。[①] 如今，景德镇陶瓷产业正处于转型升级的关键期，大而不强的现状有待改变，只有改善供需两侧发展思维，才能助力景德镇陶瓷文化产业的高质量发展。

7.2.1 陶瓷文化产业供给侧改革创新

供给侧改革中最重要的任务就是要推动供给结构调整，并在陶瓷文化企业和政府两个层面同时进行。

一是增加陶瓷文化企业的硬实力和软实力。具体来说，硬实力指的是陶瓷文化企业的产品创新能力和服务能力；软实力指的是企业文化、人才队伍、

---

① 王晋，李彦臻，刘兴，祝伟. 瓷业升级 ［N］. 经济日报，2023-04-06（1）.

品牌影响力等。通过提升陶瓷文化企业的双方面实力，并结合陶瓷市场的特点，从而实现有效供给。① 我们要以陶瓷文化优势为立脚点，统筹规划与整合陶瓷这项文化资源，以创新性为发展原则，真正实现"创造性转化、创新性发展"。陶瓷文化产业要做大做强，就要进一步扩大产业规模，坚持"两条腿"走路。这里所说的"两条腿"是指实现陶瓷文化企业软实力与硬实力的双提升。因此，要真正做到技术主导创作，思想引领潮流，努力打造出一系列新场景、新产品，实现国际文化交流的新突破。②

二是提高资源配置效率，市场经济在资源配置中一直是主导角色，因而市场也应该被赋予更多活力。目前，随着国际、国内产业分工的深入调整，我国的工业从东部沿海向中西部转移的速度也在不断加快。景德镇的陶瓷企业可以借助中西部地区丰富的资源、低廉的要素成本、巨大的市场潜力，主动开展产业转移，这不但可以帮助陶瓷企业降低生产运营成本，扩大市场覆盖面，还可以加快中西部地区新型工业化和城市化的步伐，促进地区间的协调发展，帮助推进东部沿海地区的经济转型升级，从而使整个国家的产业分工结构得到优化。但陶瓷企业在进行产业转移时，必须注重与区域产业结构布局的有效匹配，防止出现趋同化，造成新的产能过剩。因此，在转移过程中，景德镇陶瓷企业必须根据资源优化配置的原则，契合当地的产业发展现状。

此外，在陶瓷文化产业的发展过程中，我们还应充分发挥政府的作用，构建陶瓷文化产业的市场体系。一方面，要考虑到陶瓷文化产业的经济效益；另一方面，要考虑到陶瓷文化产业的社会效益，要树立起可持续发展的理念，将社会主义核心价值观融入到陶瓷产业消费的经济效益的提升之中，从而让陶瓷文化产业发展的过程中兼顾经济效益和社会效益。要让景

---

① 夏雨. 我国文化产业消费经济效益及改善策略 [J]. 商业经济研究，2020（7）：178-181.
② 林蓉. 打造对外文化交流新平台　增强中华陶瓷文化感召力 [J]. 对外传播，2022（9）：43-47.

德镇的陶瓷产业真正从单纯的快速型过渡发展到效益型，需要得到国家和地方政府的大力支持，在政策上给予一定的优惠，在资金上加大贴息，适当延长还款期，切实对陶瓷企业提供各种必要的帮助，帮助他们解决现实中遇到的难题。要真正实现企业的转变，就必须加快企业的机构改革，并在企业内部积极推行现代企业制度。根据构建现代企业制度的要求，充分发挥企业的经营自主权，对制约陶瓷行业发展的相关体制展开改革，通过体制改革和机制创新，使陶瓷工业的发展真正建立在生产要素合理流动和优化配置基础之上。同时，进一步完善外部环境，为搞活企业，提高陶瓷企业经济效益创造条件。[①]

7.2.2 陶瓷文化产业需求侧管理

从需求侧来看，应该加强市场调研，了解市场需求，推出符合市场需求的产品，积极开拓国内外市场，扩大消费群体，提高景德镇陶瓷文化产业市场的占有率。

在当前国内外陶瓷市场上，和所有消费产品一样，品种、花样也要不断翻新。从市场的角度来说，陶瓷产品在市场上有非常广泛的应用。但目前来看，消费者对于陶瓷的消费意愿表现较弱，一方面，"一千个人眼中有一千个哈姆雷特"，陶艺制品也一样，没有谁能保证消费者在看到陶艺制品之后，就会有购买的欲望；另一方面，大众对于陶瓷产品的认知度并不高，市场上没有进行相应的推广宣传，大众对产品并没有一个基本的认识，消费者对产品的消费欲望并没有被激发。消费者在购买陶瓷制品时，会综合考虑各个方面，包括陶瓷制品的花色、文化内涵和实用性能等，这些影响消费者购买意愿的因素概括起来无非就是两个方面：对陶瓷制品的认识和需求，以及基于对陶瓷制品的认知情感这二者有很大的不同。在物质消费中，人们购买产品

---

① 郭建晖. 景德镇陶瓷经济现状与发展对策研究 [J]. 江西社会科学，1995 (10)：16-22.

往往是为了满足现实生活需要，是一种硬性的需求。而在陶瓷文化消费中，消费者对于产品的选择除了实用的功能性，还追求作为艺术品的艺术性，人们更多的消费是体现在精神追求方面。陶瓷制品应迎合消费市场，以满足不同地域、不同文化的消费者的软需求。因为不同文化程度、不同年龄、不同阶层的群体对陶瓷产品有不同的要求，这就要求陶瓷企业优化陶瓷产品的设计，强调艺术与工业的完美结合，讲究造型的单纯化、合理化，重视使用便利性与美观性等，只有这样才能满足消费者的需求。同时，在文化创意方面，可以向全世界的陶瓷文化兼收并蓄，取其精华，使得我国陶瓷行业有全新的发展。① 综上所述，若要提高景德镇陶瓷文化产业的消费经济效益，带动景德镇陶瓷产业的进一步发展，需要从营销方面入手，向大众宣传陶瓷文化，输出文化消费理念，强化情感价值的宣传。"酒香不怕巷子深"，产品本身的硬性品质固然重要，但是若没有适当的营销，再好的产品也会被琳琅满目的商品市场所湮没，无法出现在消费者眼前。

根据《中国互联网络发展状况统计报告》显示，截至 2022 年 12 月，中国网民规模达 10.67 亿，较 2021 年 12 月增长 3549 万，互联网普及率达75.6%。在互联网如此普及的今天，社交软件众多，微博、小红书、抖音等都是新媒体的代表，且同时兼具销售、直播售卖平台的功能，微信公众号也是宣传推广的优质平台。景德镇的陶瓷作为传统工艺品，尤其以青花瓷为特色，针对年轻的消费群体，陶瓷文化产品的设计更应该及时迭代更新，迎合不同年龄段消费群体的需要，拓展陶瓷产品线，尤其要与不同年龄段消费群体的审美观和艺术观相匹配。迎合互联网宣传发展的需要，向年轻消费群体推送造型感、设计感以及具有品牌理念的产品。②

在开拓国内外市场方面，首先，要加大品牌推广力度，利用各种媒体展示景德镇陶瓷文化的历史和技术特色，树立品牌形象。其次，要加强产品设

---

① 党菁. 文化产业的消费经济效益及优化对策 [J]. 中国商论，2022（12）：49-51.

② 郭建晖. 景德镇陶瓷经济现状与发展对策研究 [J]. 江西社会科学，1995（10）：16-22.

计和研发，提高产品质量和陶瓷的艺术价值，提高景德镇陶瓷的国际市场竞争力。再次，要通过在国内举办景德镇陶瓷文化展览，以及在国际上举办文化交流活动，向外界展示景德镇陶瓷文化的独特魅力，提高国内外市场的认知度。最后，要拓展销售渠道，加强与各大商超、电商平台的合作，拓宽景德镇陶瓷产品的销售渠道；同时，加强与海外商家和代理商的合作，拓展海外销售渠道，提高景德镇陶瓷产品的出口量和市场占有率。

在扩大陶瓷产品的消费群体时，除了拓展产品线，推出符合不同消费群体需求的产品外，还可以在产品的包装、服务和售后等方面提高产品的附加值，增强消费者的购买欲望和忠诚度。同时，可以开展文化活动，通过举办陶瓷文化交流活动、展览会等方式，提高消费者对景德镇陶瓷文化的认知度和好感度，推动消费者对景德镇陶瓷的购买意愿。

在加强文化宣传方面，通过宣传提高人们对景德镇陶瓷文化产业的认知度和美誉度，增加其文化价值，从而提高经济效益。景德镇是世界著名的千年瓷都，要坚持工业强市和文化强市并重，既要实施好工业强市战略，又要聚焦文化强市战略。加快建设世界文化名城，在深入贯彻落实习近平总书记关于文化建设的重要论述中，必须紧紧抓住"建设世界文化名城"这个"牛鼻子"，以构建景德镇国家陶瓷文化传承创新试验区为抓手，把陶瓷文化的资源优势进一步向现代数据和产业资本转化，充分发挥陶艺文化在国际化和现代化"双提升"中的引领作用。景德镇陶瓷文化产业在以往的产品宣传和推广中，大多采用广告、营销等方式，借用名人效应、制造热门话题，逐步提高在群众中的知名度。例如，陶溪川请李玉刚做代言等。在新媒体融合的背景下，许多陶瓷企业、窑口都会专门运营自己的品牌，进行推广与宣传，努力将知名度打出景德镇，获得外部的更多关注，促进公众对文化消费的不断升温。在这样的背景下，消费者发生购买行为，无疑是双向促进的。一方面，对于陶瓷企业来说，消费者的购买也是证明其宣传营销成功的表现，从购买信息来源可以直接得知其品牌推广与运营的优势与不足，进而修改营销策略，更好地为企业服务。另一方面，新媒体的参与无疑改变了人们的消费观念与消费方式，新时代的人们更愿意为情感认知、文化创意埋单，在满足消费者个人需要的同时还可以实现购买力的转化。

在理论方面，消费者购买决策的过程一般分为五个阶段，也叫做五阶段模型。这五个阶段分别是：问题识别、信息搜索、方案评估、购买决策以及购后行为。需要注意的是，消费者的购买决策过程，并不一定会完整地经历这五个阶段，他们有时候会跳过某些阶段，有时候又会倒回到前面的某个阶段。具体分析，起初的问题识别可以理解为对产品的认知，其实就是需求激活，消费者突然意识到自己可能需要某些东西，这种需求的激活，可能来自内部刺激，也可能来自外部刺激。例如，企业所有营销活动，包括广告活动，绝大部分都是为了刺激消费者，激活消费者的需求。当你开始考虑买什么商品的时候，就会进入第二个阶段：信息搜索，这里的信息来源可以是网络、社交媒体、亲朋好友等。接着消费者就会根据自己的实际需求，有条件地选择相应的产品，即方案评估。最后确定产品，完成购买的目标。除此之外，如果用户在购买成功之后分享看法、经验，企业用一些物质的方式奖励用户，也能够提高相关消费者的再次购买概率。因为人们在购买商品后，会产生一种满足感和分享的欲望，这是人性使然。因此，消费者的购买行为不再是终止，而是开始了一个新的篇章——分享，这种用户的主动分享行为则是扩大产品知名度的一种有效途径。通过这种方式，不仅可以让人们对文化产品产生更深层次的认识，还可以引起人们的关注，让陶瓷文化产品持续地得到改善，从而达到消费的再次循环。

7.3 注重生态保护，实现景德镇陶瓷
文化产业可持续发展

近年来，国家陆续制定相关政策，持续强化对陶瓷产业转型升级和节能减排的监管。特别是 2021 年 5 月国家发展和改革委员会发布《关于加强高耗能、高排放建设项目生态环境源头防控的指导意见》后，陶瓷行业正式进入"两高"之列，迎来了更加严格的环保治理要求。在此背景下，各地方政府积极施行政策迭代和环保提标，加快了陶瓷产业向绿色发展的转变。

7.3.1 推广绿色制造技术

能源置换为陶瓷产业积蓄"绿色动能"。使用传统的自制煤气不仅有较高的风险，还需要较高的人力成本来处理排放的污染物。但是，使用清洁工业燃气不仅可以让陶瓷企业减少污染物的排放，还可以极大地解决酚水、焦油等环境污染问题。

同时，清洁制造成为陶瓷企业共同的"绿色追求"。如果陶瓷企业的整个生产线都是全封闭的，全自动化运行的，工人就可以在智能监控室中对整个生产过程以及烟尘排放的各种参数进行监测，从而达到智能化洁净生产的目的。并且，引入陶瓷自动化生产线，用科技的力量减排，也能大幅降低吨瓷能耗。

绿色发展是最终目标，智能制造是实现绿色发展的重要手段。当前，随着智能化程度的提升，绿色制造的壁垒正在被不断打破，而 5G 技术和工业互联网的迅猛发展，又给陶瓷工业的绿色发展注入了新的动力。因此，针对企业和政府，提出以下措施：企业应采用清洁生产技术，减少污染物

的排放，提高资源利用率；建立绿色供应链，选择环保、可持续发展的材料和供应商，实现绿色的整体生产。政府应加强对企业的环境监管，对环境违法行为进行惩罚，落实企业环保责任。企业和政府还应该加强环保意识，意识到环保是企业和社会的责任，积极采取环保措施，减少环境污染。同时，推广循环经济模式，实现资源的最大化利用和再利用，减少浪费，提高利用效率。

7.3.2　陶瓷废弃物的再利用

陶瓷工业是一种以天然矿物资源为原料，以化石能源为燃料，以水为溶剂，以高温为主要手段制造产品的产业。随着现代科学技术的进步，陶瓷工业的发展对天然矿物资源、能源及水资源的需求在不断增加，而其所带来的污染及废弃物处置等问题日益突出，与新时代的绿色发展需求相去甚远。在环保与节能需求不断增强的今天，如何对陶瓷废料进行有效的资源化利用，以减少对资源的浪费和环境的污染，从而达到可持续发展的目的，已刻不容缓。[①] 这里所说的陶瓷废弃物包括两种：一种是已经成型的废弃瓷片；另一种是废料。

景德镇陶瓷产业将陶瓷废弃物进行分类处理和回收利用，例如，将废弃的陶瓷碎片进行再加工，制成新的陶瓷制品，充分实现艺术化，减少资源浪费和环境污染。景德镇地区生产的是艺术瓷器和高档日用瓷器，工艺精细，因此，其陶瓷废料的材料和颜色可以成为艺术创造的一种重要的语言，经过艺术家的二次创作，展现出它所具有的巨大的人文意义和社会价值，同时也体现出它所提倡的绿色设计理念。[②]

---

① 贾嘉豪，方海燕，翟梦杰，盛泉，杨慧 . 废陶瓷回收再利用现状分析 ［J］. 中国资源综合利用，2019，37（5）：73-75.

② 邱小剑 . 高处切入　艺术美化——探索景德镇高新区陶瓷废弃物回收再利用的创新路径［J］. 中国高新区，2015（10）：148-150.

在生产过程中产生的废料，同样是一种宝贵的资源，尤其是对景德镇陶瓷行业而言，废料更是可以"变废为宝"的存在。一方面，通过对废料的回收利用，不仅可以达到节能减排、保护环境的目的，还可以实现资源循环利用；另一方面，通过对废料的回收利用，也可以突破发达国家设置的"绿色壁垒"，实现自身可持续发展。当前，中国陶瓷业的发展状况并不乐观，必须经过较长时间的艰苦工作，突破各种环保技术壁垒，实行废品循环利用，才能降低资源消耗，才能获得更大的经济效益。所以，在陶瓷工业中，应充分利用废弃的陶土资源，开发出更多、更洁净的可再生的陶土原料，从而达到对环境的有效保护，促进陶瓷行业的可持续发展。另外，开展陶瓷废料回收利用，可以提高企业竞争力。陶瓷废料回收不是单纯的技术问题，还涉及企业生产管理的方方面面。在陶瓷行业中，要想使陶瓷废料回收利用得到顺利开展，不仅需要企业的各部门以及员工的共同努力，而且还要有公司高层领导的重视。通过废料回收利用，企业可以有效地将先进的生产理念推广到各个领域中去。在生产技术方面会有所提升，使得产品质量得到保证；在员工素质方面也能有所提高，员工素质的整体提高对于企业长远发展是有着极大促进作用的。[①]

7.3.3 保护陶瓷原材料资源

景德镇陶瓷产业可以加强对原材料的保护，管理控制开采量和开采方式，避免过度开采和破坏生态环境。

相较于陶瓷生产环节，陶瓷原料开采环节直接产生的碳排放微乎其微。在陶瓷产业链条中，唯一不涉及二氧化碳的环节就是陶瓷原料的开采，在这一过程中，几乎没有任何人为引发的污染物排放至自然界的情况。因此，从这一角度来看，陶瓷原料开采活动对自然环境的危害主要是环境损害。所谓

---

① 贾嘉豪，方海燕，翟梦杰，盛泉，杨慧. 废陶瓷回收再利用现状分析 [J]. 中国资源综合利用，2019，37（5）：73-75.

环境损害,通俗地讲就是由于人为活动造成的或由人为活动和自然过程联合作用造成的自然环境的不利变化。从生态整体论的角度来看,生态系统吸收温室气体的效率除了受其相对量的影响外,还受其健康和完整性的影响。也就是说,如果某一生态系统中物质循环和能量流动受到损害,则其吸收温室气体的能力就会下降。因此,陶瓷原料生产企业在整个生产过程中有义务和责任对生态资源进行修复、保护和提升,从而使生态系统自身恢复到健康状态,提高生态资源吸收温室气体的能力。通过提高生态环境自身恢复能力来达到减少温室气体总量的目的。①

因此,景德镇陶瓷上游原料生产企业应有规划地合理开发资源,并对废弃矿坑进行绿化,创造小型绿色碳库,开发与保护并举。②同时,景德镇要继续发挥好自然生态优势,充分挖掘陶瓷历史文化,实现生态与文化发展相互促进、和谐统一。

7.3.4　建立环保监管机制

针对景德镇陶瓷产业的生态环境问题,市政府可以建立完善的环保监管机制,对企业的生产过程和产品质量进行监管和检测,确保企业严格遵守环保法律法规和相关标准,保护生态环境。陶瓷产业对环境造成的污染主要包括废水、废气、废渣等,应该采取以下措施来解决环境污染问题:

首先,制定严格的环保法规和标准。政府应该加强对陶瓷企业的监管,制定严格的环保法规和标准,在企业的排放、废水处理、废气治理等方面进行规范和监管。同时,加大对环保技术的研发和推广力度,鼓励企业采用先进的环保技术和设备,提高陶瓷生产过程中的资源利用率和废弃物处理效率。鼓励企业进行产业升级和转型,推动陶瓷产业向高端、智能化、绿色化方向发展,减少对环境的影响。其次,加强对陶瓷文化企业的监督

①②　崔德润,朱伯玉,徐堃.“双碳”目标下陶瓷产业合规发展路径探析 [J].山东陶瓷,2023,46(2):74-80.

和管理,加大对环境污染行为的打击力度,对违法企业进行罚款、停产、关停等处罚,确保企业严格遵守环保法规和标准。最后,增加公众参与度,加强对公众环保意识的培养和宣传,鼓励公众参与监督和管理环境污染问题,建立公众参与机制,让公众参与到环境保护中来,共同守护我们的环境。

7.3.5 加强环境教育

景德镇陶瓷产业可以加强对企业和消费者的环境教育,提高环保意识和环境保护意识,形成全社会共同关注和保护生态环境的良好氛围。

绿色发展,通俗来讲就是生产过程减排、生产环境优美。绿色生产定义有很多,但只要企业做到这一点,基本上就属于绿色生产的工厂。实际上,目前景德镇陶瓷行业有不少企业已经取得了工信部的绿色生产工厂证书。对于陶瓷文化企业内部而言,可以制订环保教育计划,定期为员工进行环保意识教育,提高员工对环保的认识和意识,让员工成为环保行动的主力军。首先,加强对消费者的环保宣传,推广环保产品,宣传和推广企业的环保理念,以此作为自身的卖点与亮点,让消费者了解环保产品的重要性,促使消费者提升对绿色陶瓷的兴趣,引导消费者进行环保消费。其次,加强企业的环保宣传,让更多人了解企业的环保理念和行动,引导公众关注环保问题。对于整个陶瓷产业而言,应建立绿色环保的生产制度,有效控制生产过程中的环境污染问题,减少对环境的影响。最后,行业内也可以建立环保奖惩制度,对环保行为进行奖励,对环境污染行为进行惩罚,借此增强企业的环保意识和责任感,共同承担社会责任。

7.4　提升创新思维，推动景德镇陶瓷文化产业与时俱进

创新思维是引领景德镇陶瓷文化产业发展的内生动力。随着数字经济的发展，文化产业已逐渐成为我国产业发展的新增长点。这种变化既影响了社会的生活方式，也促进了人们思维方式的变革。当前，创新思维对文化产业发展的影响越来越大。因此，要想推动景德镇陶瓷文化产业与时俱进，就必须要全面提升和培养创新思维，以思维和理念的创新来推动景德镇陶瓷文化产业的与时俱进和健康发展。

7.4.1　以创新思维赋能陶瓷文化产业转型发展

创新思维既是创造力发挥的前提，也是理念创新、体制创新和制度创新的前提①。景德镇历史文化底蕴深厚，陶瓷产业支撑了这座城市上千年的发展。但随着时代的进步与科技的发展，社会的生产和生活发生了极大的变化，陶瓷产业以往的发展模式已经难以为继。在新的时代背景下，推动景德镇陶瓷文化产业生态健康发展，必须要以创新思维为引领，将创新驱动发展战略全方位落实到陶瓷文化产业中去，为产业发展提供持续动能，进而赋能景德镇陶瓷文化产业转型发展。

一是要树立绿色发展的理念，提高景德镇陶瓷文化产业的绿色化水平。景德镇陶瓷文化产业的结构优化离不开其发展方式的绿色转型，树立绿色发展理念是发展方式绿色转型的前提条件。从当前的实践来看，绿色发展方式

---

① 刘昂. 供给侧改革与文化产业创新［J］. 齐鲁学刊，2017（6）：90-95.

不仅是推动陶瓷文化产业发展的新引擎，也是促进陶瓷文化产业生态健康发展的新路径。推动陶瓷文化产业转型发展，就是要将绿色发展理念充分融入陶瓷文化产业上中下游全链条的各个环节中去。一方面，陶瓷企业要以节能减排、提质增效为目标，积极构建绿色低碳循环发展的生产体系，不断提升以理念创新引领的技术创新和模式创新，全面提升景德镇陶瓷文化产业的绿色化水平①。另一方面，陶瓷企业还要进一步加深对绿色理念的认识，加强绿色制造体系的建设，不断完善绿色工厂、绿色供应链的建设标准，加快构建绿色产业链和供应链，推动陶瓷文化产业绿色转型、创新发展。

二是要以创意驱动要素创新，持续推动陶瓷文化产业健康发展。从当前文化产业发展的实践来看，经济刺激难以持续推动文化产业发展，但文化产业的创新与要素供给的内生增长具有相似性。除了劳动力、土地、自然资源这一类的传统要素供给以外，内容生产、技术革新、发展模式以及制度创新这一类的要素供给对于文化产业的发展也至关重要。当前，景德镇陶瓷文化产业的要素创新仍有不足，要素供给结构转型较为缓慢。景德镇陶瓷文化产业的发展要聚焦于创意和创新，加快以创意驱动要素创新，不断产出优质内容、革新生产技术、创新发展模式、健全制度机制等，从生产要素出发持续促进产业供给结构的转型升级，进而驱动景德镇陶瓷文化产业发展实现整体性的跃升。

三是要促进创新思维和实践活动有机结合，助推景德镇陶瓷文化产业实现健康发展。文化产业高质量发展的核心就在于创新思维与实践活动的有机结合。思维的创新可以有力推动产业的升级和转型。同时，陶瓷文化产业发展也需要及时将创新思维落地到实际的生产和实践中去，将其转化为可落地的创新产品。景德镇陶瓷文化产业应从文化创意与思维创新出发，以传统陶瓷文化为载体，创造陶瓷文化产品和服务，并将创新思维融入陶瓷文化产业

---

① 中华人民共和国国务院新闻办公室．新时代的中国绿色发展［N］．人民日报，2023-01-20
（7）．

的实践环节，使创新成果转化为现实生产力，从而实现产品的价值创造与产业的高质量发展。

7.4.2　以创新思维推动陶瓷产业跨界融合

中国正走在由"中国制造"向"中国创造"的路上，对于陶瓷文化产业这一类正在发展的创新型经济而言，实现跨界融合发展既是提高国家文化软实力，也是提高其竞争力的必要途径。近年来，我国文化产业飞速发展，但从陶瓷文化产业的发展来看，其"创意驱动"作用并不明显，多元融合的高度、深度、跨度都还不够，总体创新水平有待提高。在新形势、新背景下，景德镇陶瓷文化产业也迎来了新的发展机遇，不断创新思维，与多元产业实现融合发展，将会有力促进其核心竞争力的提高。

一是要加强区域性陶瓷文化品牌建设，以创新驱动产业增值。现代文化产业发展的实践证明，品牌建设与产业经济效益之间存在十分密切的关联性，好的品牌往往会创造更高的经济效益。从当前的市场发展趋势来看，文化产业领域的品牌建设越来越注重跨界融合，越来越注重与相关产业之间建立起合作的桥梁。对于景德镇陶瓷文化产业而言，加强区域品牌建设已迫在眉睫。品牌建设不仅可以传递企业价值理念，还可以增加产品的文化内涵，品牌建设已经成为许多企业发展的一种战略选择。从经济效益这一层面来讲，加强品牌建设对产业发展影响最大的一点就是可以提高产品的附加值。景德镇陶瓷文化产业具有高知识性、高增值性，这正是其加强品牌建设、推动产业跨界融合发展的主要动力。

二是要加快转变思维模式，拓宽陶瓷文化产业边界，催生文化新业态。近年来，数字的发展催生了许多新的文化形态，各个行业在技术的革新中也实现了不同程度的交汇发展。数字经济的发展对于景德镇陶瓷文化产业的发展来说既是机遇也是挑战，技术革命会引发技术创新，产业的生产模式、运营模式、销售模式等多个方面也会随之发生变化。在这样的背景下，景德镇陶瓷文化产业要加快转变思维模式，充分利用科技的进步来激发陶瓷文化产业的活力，拓宽陶瓷文化发展的新业态和新领域，带动传统文化产业健康发展，将景德镇陶瓷文化的资源优势转变为产业的生产优势和文化产品的供给优势。

三是要持续拓展发展思路，加大对陶瓷文化的挖掘力度，实现陶瓷文化与陶瓷产业之间更深层次的融合发展。陶瓷文化是中华民族优秀的传统文化，但从现在已开发的陶瓷文化资源来看，存在资源开发不足等问题，部分优秀的陶瓷文化资源还处于待开发或浅开发的状态。从本质上看，还是陶瓷文化产业与相关产业融合深度不够的问题，产业之间融合的深度与广度往往会影响产品的高度。因此，景德镇陶瓷文化产业还需要持续扩展思路，要不断加强对陶瓷文化的挖掘和多层次开发，在陶瓷文化与多种业态之间架构桥梁。除此之外，陶瓷企业还要尽可能地多培育出一些知名度较高的区域性品牌，以及一些市场比较认可的文化精品。经济的快速发展与技术的迅猛迭代，加快了市场优胜劣汰的速度。从多角度、多层次出发构建多元融合的陶瓷业态是景德镇陶瓷文化产业未来不断努力的方向。

7.5 优化公共服务体系，保障景德镇 陶瓷文化产业健康发展

《国家"十四五"公共服务规划》中提出："到2025年，我国公共服务制度体系更加完善，政府保障基本、社会多元参与、全民共建共享的公共服务供给格局基本形成，民生福祉达到新水平"的远景目标①。健全的公共服

---

① 张润君. 公共服务体系现代化：政府、社会和市场 [J]. 西北师范大学学报（社会科学版），2022，59（6）：204-212.

务体系是实现景德镇陶瓷文化产业健康发展的基础条件。完善景德镇基础设施建设和公共服务职能、加快建设陶瓷文化产业特色公共服务平台、持续培养和吸引高层次人才、优化和创新公共服务体系是保障景德镇陶瓷文化产业健康发展的重要途径。

7.5.1　完善公共基础设施建设和公共服务职能

基础设施建设是我国经济发展的重要支柱，也是实现经济高质量发展的重要抓手①。从我国文化产业发展的现状来看，产业发展态势相对较好的区域，其公共基础设施与公共服务职能也相对更完善。从某种程度来看，基础设施建设与公共服务职能会对产业发展造成直接影响。目前，景德镇基础设施建设与公共服务职能存在许多短板，尤其会对陶瓷文化产业的协同发展形成突出制约。在文旅融合发展的大背景下，加强公共基础设施建设、完善公共服务职能对于景德镇陶瓷文化产业的发展是一项重大而紧迫的任务。

一方面，地方政府要对基础设施建设加大资金投入，优化景德镇陶瓷文化产业的发展条件与环境。值得强调的是，城市道路这一类的基础设施建设对产业的发展十分的重要，尤其是区域内综合交通运输水平，完善道路建设与交通设施有利于优化景德镇陶瓷文化产业的发展环境。此外，景德镇市政府还要不断完善市场机制，要凝结社会多元主体的参与力量，积极引导社会力量加入陶瓷产业的配套服务建设，例如，主动引进各类运输企业、建立高校科研机构、组织企业间行会、商会等。

另一方面，地方政府要不断完善公共服务职能，加快形成专业高效的公共服务体制。现阶段，为保障景德镇陶瓷文化产业的健康发展，地方政府应该建立专业、高效的公共服务执行系统，从制度安排上保障公共服务的专业执行力，打造一批专业化的公共服务执行机构，保障景德镇陶瓷文化产业健

---

① 朱黎阳. 循环经济服务　绿色发展取得辉煌成就——解读《新时代的中国绿色发展》白皮书 [J]. 资源再生，2023（1）：54-64.

康发展，为本地陶瓷文化产业的发展提供专业化的公共服务。此外，还要重视社会力量在公共服务系统中的重要作用，构建共建共享的公共服务体系建设格局，优化公共服务职能，提升公共服务水平，助力景德镇陶瓷文化产业健康发展。

7.5.2 加快建设数字化特色公共服务平台

陶瓷文化产业是景德镇市经济发展的特色支柱性产业。所以，在优化公共服务体系的过程中，既要突出我国文化产业发展的共有特点，也要充分考虑景德镇陶瓷文化产业的特点。加快景德镇陶瓷文化产业数字化服务平台的建设，这样不仅可以带动陶瓷产业的发展，还可以帮助地方经济实现高质量跃迁。

一是要加快实现数字技术在景德镇陶瓷文化产业中的应用与推广。当前，数字技术渗透着社会生产和生活的方方面面，文化产业也呈现出更多的新状态。在这样的背景下，我国的公共服务体系建设也需要升级发展、与时俱进。景德镇陶瓷文化产业更要顺应时代需求，加强数字技术在陶瓷文化产业中的应用与推广，用数字技术为陶瓷文化产业的发展注入新动力和新引擎，进而推动陶瓷产业转型升级。一方面，企业可以利用数字化技术优化陶瓷产业供应链管理体系，对陶瓷原材料的采购、库存、生产、销售等环节进行信息采集和分析，这样不仅可以提高供应链效率，还可以增强供应链柔性。另一方面，数字技术的应用可以有效整合区域内的基础设施资源，进一步实现公共资源的优化配给，提高公共资源的利用率和公共服务水平，进而有效提升基础设施信息化、自动化、互动化水平。

二是充分利用数字技术，加快建设数字公共服务平台，助力产业健康发展。技术的革新影响着产业的生产、管理、运营等方面，这种影响在某种程度上可以促进产业的转型升级。就陶瓷文化产业而言，景德镇可以充分利用数字技术建立起陶瓷文化产业智能物流综合信息服务平台，实现对产品的智能化调度、合理优化产品的仓储管理，这样既可以提升物流效率，也可以降低企业的物流成本①。此外，数字技术可以优化区域内陶瓷文化产业的布局，这样可以有效改善生产和管理的精细化程度，进而降低企业生产制造、仓储、运输成本，还可以通过对资源的合理利用，达到增产增效的目的。

三是数字技术的应用可以保护景德镇陶瓷品牌。近年来，不少商家打着景德镇陶瓷的名号销售非景德镇品质的陶瓷，"千年瓷都"名誉受损的同时，也损害了消费者对景德镇陶瓷的印象。针对这一现象，政府在加强市场监管时可以利用数字技术对陶瓷产品进行有序标识，形成产品追溯机制，这样既可以对企业的产品品质进行监管，也可以有效保护消费者的合法权益。

7.5.3　持续培养复合型人才并引进国内外高层次人才

人力资源是第一资源，产业的发展需要优秀的人力资源，企业经营战略的实施也需要人力资源作为保障②。景德镇聚集了大量国内外的陶瓷从业者，数万名"景漂"在这里追梦、圆梦，人才的聚集营造了浓郁的制瓷氛围，但高层次人才的匮乏仍是景德镇陶瓷文化产业发展的桎梏。受技术专业化和管理专业化的挑战，景德镇陶瓷文化产业对高层次人才的需求越来越大，如何培养人才、留住人才和吸引人才留景发展成为景德镇陶瓷文化产业发展的一大难题。

第一，政府要持续推进人才激励机制，提高陶瓷领域高层次人才的待遇和补贴，鼓励陶瓷文化产业的专业人才以技术参与收益分配，进而促进陶瓷产业专业人才队伍不断壮大。此外，政府还可以制定创新团队、高层次核心人才的培育和引进政策，提升陶瓷文化产业人才队伍的层次，为景德镇陶瓷

---

① 杜纯布. 京津冀地区物联网产业公共服务体系建设研究［J］. 区域经济评论，2015（5）：65-69.

② 章紫薇，於流芳，王玲娜，曾星，王丹. 促进中小企业产业发展的公共服务体系研究——以湖北十堰市为例［J］. 当代经济，2016（34）：65-69.

文化产业的发展注入新鲜的血液与活力。

第二，加强陶瓷文化产业专业人才的国际交流与合作，不断提升专业人才队伍的国际化水平。一方面，既要加强对景德镇本地的陶瓷从业人才的培训，也要不定期组织陶瓷企业优秀人才外出学习交流，在拓宽企业视野的同时，也可以增强它们对市场的敏感度，增强景德镇陶瓷的国内外影响力。另一方面，要积极引进海内外英才来景发展、来景交流，为陶瓷文化产业的多元发展提供机会。

第三，加强企业与本地高校之间的产学研合作，积极培养复合型人才。景德镇高校集聚，汇集了陶瓷领域众多的专家和学者。陶瓷企业要通过与本地高校之间的合作来提升创新力和培养专业性人才，加强本地的产学研合作。高校要推动科技成果成功转化，助力陶瓷文化产业的技术创新；同时，还要及时洞察企业的实际需求，为企业培养真正需要的人才。此外，陶瓷企业在与高校的产学研合作中要充分发挥景德镇各大高校的优势，联合企业一起制订校企人才培养计划，吸引本地高校的各专业人才留景创业、留景就职，为地方发展提供源源不断的人才支持，进而助力景德镇陶瓷文化产业高质量发展。

参考文献

［1］ Angelides P. The development of an efficient technique for collecting and analyzing qualitative data： The analysis of critical incidents ［J］. International Journal of Qualitative Studies in Education, 2001, 14 （3）： 429-442.

［2］ Bandura A. Exercise of human agency through collective efficacy ［J］. Current Directions in Psychological Science, 2000, 9 （3）： 75-78.

［3］ Bandura A. Self-efficacy： The Exercise of Control ［J］. Worth Publishers, 1997 （13）： 158-166.

［4］ Carney T F. Collaborative inquiry methodology ［J］. Windsor, Ontario, Canada： University of Windsor, Division for Instructional Development, 1990.

［5］ Gherardi S, Turner B A. Real men don't collect soft data ［J］. Quaderno, 1987 （13）： 1-17.

［6］ Henze I, Van Driel H J, Verloop N. Experienced science teachers' learning in the context of educational innovation ［J］. Journal of Teacher Education, 2009, 60 （2）： 184-199.

［7］ Houle C O. The Inquiring Mind ［M］. Madison： University of Wisconsin Press, 1961.

［8］ Miles B M, Huberman M A. 质性资料的分析：方法与实践 ［M］. 张芬芬, 译. 重庆： 重庆大学出版社, 2008.

［9］ Wenger E. Communities of Practice： Learning, Meaning , and identity

[M]. Cambridge：Cambridge University Press，1998.

[10] 《新时代的中国绿色发展》白皮书 [J]. 资源再生，2023（1）：54-64.

[11] 蔡久评，熊中侃，刘建兰. 论适应知识经济的企业人力资源需求与高校人才培养 [J]. 企业研究，2006（9）：46-48.

[12] 陈伟宏，张廷君. 二线省会城市人才集聚模式创新路径——以福州市 "多元协同" 人才集聚模式为例 [J]. 中国人事科学，2022（3）：47-59.

[13] 陈向明. 质的研究方法与社会科学研究 [M]. 北京：教育科学出版社，2000.

[14] 崔德润，朱伯玉，徐堃. "双碳" 目标下陶瓷产业合规发展路径探析 [J]. 山东陶瓷，2023，46（2）：74-80.

[15] 党菁. 文化产业的消费经济效益及优化对策 [J]. 中国商论，2022（12）：49-51.

[16] 董国秀. 人才的集聚效应 [J]. 时代潮，2003（13）：59-60.

[17] 杜纯布. 京津冀地区物联网产业公共服务体系建设研究 [J]. 区域经济评论，2015（5）：65-69.

[18] 郭建晖. 景德镇陶瓷经济现状与发展对策研究 [J]. 江西社会科学，1995（10）：16-22.

[19] 郭珍，陈莉. 福建省数字人才集聚度及影响因素研究 [J]. 太原城市职业技术学院学报，2023（2）：10-14.

[20] 国务院关于 "十四五" 公共服务规划的批复 [J]. 中华人民共和国国务院公报，2021（35）：33-34.

[21] 何雨辰，郑兴明. 产业生态化与生态产业化融合发展：实践探索与推进路径——基于福建省的考察 [J]. 现代交际，2023（2）：59-66+122-123.

［22］胡慧源．江苏文化产业发展评价及其对策［J］．科技管理研究，2015（3）：67-71.

［23］贾嘉豪，方海燕，翟梦杰，盛泉，杨慧．废陶瓷回收再利用现状分析［J］．中国资源综合利用，2019，37（5）：73-75.

［24］李伯云，姚休，梁山中．建立和完善我省人才激励机制的对策研究［J］．浙江社会科学，2000（2）：103-107.

［25］李凤亮，宗祖盼．跨界融合：文化产业的创新发展之路［J］．天津社会科学，2015（3）：49-53.

［26］李文飞．江苏省创新型人才集聚的政策因素及对策研究［D］．南京航空航天大学硕士学位论文，2016.

［27］梁吉，黄钢．中小房地产企业吸引人才策略［J］．中国市场，2005（28）：194-195.

［28］林蓉．打造对外文化交流新平台　增强中华陶瓷文化感召力［J］．对外传播，2022（9）：43-47.

［29］刘昂．供给侧改革与文化产业创新［J］．齐鲁学刊，2017（6）：90-95.

［30］刘继兵，王琪，马环宇．制度环境对战略性新兴产业创新能力的影响［J］．科技进步与对策，2015，32（23）：54-60.

［31］刘冰峰．绿色供应链下供应商参与的模型构建：来自陶瓷企业的实证研究［J］．企业经济，2017，36（11）：131-135.

［32］刘冰峰．创意产业价值网络的演进逻辑与形成动因［J］．商业经济研究，2017（12）：175-177.

［33］刘冰峰，闫宁宁．文化产业创新能力对产业升级的影响效应——以景德镇文化产业为例［J］．企业经济，2016（8）：174-178.

［34］楼建忠，苏云，何凤等．实现重点产业与人才集聚的"同频共振"［J］．杭州（周刊），2019（8）：38-40.

[35] 卢圣泉, 卢君. 基于产业集聚理论的区域人才集聚问题研究——以湖北为例 [J]. 中南民族大学学报 (人文社会科学版), 2014, 34 (4): 92-94.

[36] 牛冲槐, 张敏, 王汉斌, 等. 基于和谐管理下的人才聚集效应研究 [J]. 生产力研究, 2006 (10): 75-78.

[37] 牛子宏. 论产业集聚区发展中的公共服务体系创新 [J]. 辽宁行政学院学报, 2017 (4): 57-61.

[38] 彭爱华. 以正确导向推动人才建设新发展 [J]. 中国人才, 2016 (3): 28-29.

[39] 彭川宇, 顾晨曦. 人才争夺何以影响城市高新技术产业的发展？——基于 273 个城市的准自然实验 [J]. 科技管理研究, 2023, 43 (5): 54-64.

[40] 彭勇平, 黄小平. 江西文化产业结构与效益研究 [J]. 中国统计, 2015 (10): 23-24.

[41] 邱小剑. 高处切入 艺术美化——探索景德镇高新区陶瓷废弃物回收再利用的创新路径 [J]. 中国高新区, 2015 (10): 148-150.

[42] 尚嫣然, 温锋华. 新时代产业生态化和生态产业化融合发展框架研究 [J]. 城市发展研究, 2020, 27 (7): 83-89.

[43] 沈中禹, 王敏. 高职院校服务乡村人才振兴战略的逻辑分析与实践途径研究 [J]. 河北青年管理干部学院学报, 2021 (6): 56-59.

[44] 孙丽丽, 陈学中. 高层次人才集聚模式与对策 [J]. 商业研究, 2006 (9): 131-134.

[45] 谭璐. 高校应用性人才培养与地方发展互动探究 [J]. 教育教学论坛, 2013 (28): 269-270.

[46] 田恩舜, 钟玉云. 我国高科技企业人才激励机制的建构策略 [J]. 科技进步与对策, 2003, 20 (1): 114-116.

［47］童心．江西省高新技术产业集群政策体系分析及评价［J］．南昌工程学院学报，2018，37（1）：78-83.

［48］王会霞．河南省打造人才高地战略研究［J］．科技创业月刊，2019，32（1）：128-130.

［49］王晋，李彦臻，刘兴，祝伟．瓷业升级［N］．经济日报，2023-04-06（1）.

［50］王理珩．以企业文化战略引领人才队伍建设［J］．中国党政干部论坛，2017（12）：49-52.

［51］王瑶．现代企业吸引人才资源的策略探讨［J］．中国商贸，2011（34）：240-241.

［52］习近平．高举中国特色社会主义伟大旗帜为全面建设社会主义现代化国家而团结奋斗——在中国共产党第二十次全国代表大会上的报告［J］．中国产经，2022（19）：18-37.

［53］夏雨．我国文化产业消费经济效益及改善策略［J］．商业经济研究，2020（7）：178-181.

［54］熊景维．论中国高新技术产业人才战略管理［J］．云南社会科学，2012（5）：107-111.

［55］徐丹．以新发展理念优化沈阳文化产业发展路径研究［J］．辽宁经济职业技术学院，辽宁经济管理干部学院学报，2023（1）：1-4.

［56］徐祥民．环境损害——环境法学核心范畴［J］．政法论丛，2023（1）：110-123.

［57］鄢圣文．产业集聚的人才集聚效应分析［J］．现代商业，2015（36）：36-37.

［58］杨鲁新，等．应用语言学中的质性研究与分析［M］．北京：外语教学与研究出版社，2013.

［59］杨仕培．关于企业实施人才战略问题的思考［J］．经济师，2002

（6）：178.

[60] 杨望杰. 县级城市高层次人才集聚问题与对策研究 [D]. 江西农业大学硕士学位论文，2020.

[61] 杨扬，李守军. "双一流" 目标驱动下 "产学研用思" 多元协同育人模式研究 [J]. 南方农机，2021（18）：101-104.

[62] 叶娟惠. 产业集聚中的人才集聚问题研究 [J]. 经济视角，2020（2）：101-108.

[63] 张国峰，汪江. 转型高校多主体校企协同育人机制建构 [J]. 中国冶金教育，2020（4）：39-43.

[64] 张立群. 全面加强基础设施建设 [J]. 红旗文稿，2022（11）：31-34.

[65] 张敏，顾萍萍，王晓燕，等. 江苏省高新技术产业科技人才需求预测研究 [J]. 科技信息，2014（15）：52-53.

[66] 张润君. 公共服务体系现代化：政府、社会和市场 [J]. 西北师范大学学报（社会科学版），2022，59（6）：204-212.

[67] 张樨樨. 产业集聚与人才集聚的互动关系评析 [J]. 商业时代，2010（18）：119-120.

[68] 张效诗，吉海燕. 高校人才聚集正效应分析——以南通为例 [J]. 湖北开放职业学院学报，2020，33（3）：59-60.

[69] 张治河，潘晶晶，李鹏. 战略性新兴产业创新能力评价、演化及规律探索 [J]. 科研管理，2015，36（3）：1-12.

[70] 章紫薇，於流芳，王玲娜，曾星，王丹. 促进中小企业产业发展的公共服务体系研究——以湖北十堰市为例 [J]. 当代经济，2016（34）：65-69.

[71] 赵青霞，夏传信，施建军. 科技人才集聚、产业集聚和区域创新能力——基于京津冀、长三角、珠三角地区的实证分析 [J]. 科技管理研究，

2019, 39（24）：54-62.

［72］赵志耘，杨朝峰. 转型时期中国高技术产业创新能力实证研究
［J］. 中国软科学，2013（1）：32-42.

［73］赵向阁，杨佩. 以高校人才集聚效应助推冀中南经济区快速发展
［J］. 保定学院学报，2014，27（1）：45-49.

［74］中华人民共和国国务院新闻办公室. 新时代的中国绿色发展［N］.
人民日报，2023-01-20（7）.

［75］钟廷勇，国胜铁，杨珂. 产业集聚外部性与我国文化产业全要素生
产增长率［J］. 管理世界，2015（7）：178-179.

［76］周明，李宗植. 基于产业集聚的高技术产业创新能力研究［J］. 科
研管理，2011，32（1）：15-28.

［77］周莹，刘华. 以创意为核心的文化产业发展驱动要素研究［J］. 管
理现代化，2014，34（5）：19-21.

［78］庄小将. 高新技术企业科技人才激励机制研究［J］. 财会通讯，
2012（03）：151-153.

［79］佐藤学. 学习的快乐——走向对话［M］. 钟启泉，译. 北京：教
育科学出版社，2004.

后　记

在江西景德镇，距离御窑厂遗址 509 米，珠山大桥横跨昌江，72 尊黑色人物铜雕伫立两侧。这 72 尊铜像，代表一件瓷器要历经 72 道工序，从一块高岭土"浴火重生"变为瓷器。

"漂"在江西景德镇的年轻人，也如同高岭土般，在这里被"重塑"。在这里，大家更愿意称呼他们为"景漂"。

2022 年，为加快构筑世界陶瓷人才集聚高地，聚天下英才建好国家陶瓷文化传承创新试验区，景德镇市委、市政府出台了《关于促进"景漂"人才进一步创新创业的若干措施》等一系列政策措施，并将"促进'景漂'人才创新创业"列入十大改革攻坚项目，采取"平台+政策+环境"的模式不断优化人才生态，创新人才工作机制。深厚的陶瓷文化底蕴、较低的创业成本、绝佳的创作氛围、舒缓的生活节奏等，共同构成了景德镇的强大"瓷"力，吸引着越来越多的年轻人来到景德镇。这些倍受千年瓷都文化滋养的年轻"景漂"，也在为这座城市带来更多新活力，为陶瓷产业注入更多新可能。"漂"在景德镇，别有魅力。

"景漂"人涉足景德镇陶瓷文化产业链条的各个环节，他们的工作形式和种类，以陶瓷为核心，形成了一条完整陶瓷文化产业生态链，从陶瓷设计、生产到宣传再到销售，每个环节都紧扣着陶瓷文化产业生产环节。他们对陶瓷产业的新材料、新制作工艺、新科学技术的领悟，为陶瓷产业的生态注入了新的活力，用新兴的形式表达对陶瓷的热爱，用现代手段和工艺技巧给景德镇陶瓷文化产业的发展注入了全新动力。

本书研究了景漂现象，分析了景漂创业的心理调节过程及其动机演化，探讨了景德镇陶瓷文化产业生态健康发展的模式、组织形式、影响机制和基本路径，提出了加快"景漂"人才集聚与景德镇陶瓷文化产业生态健康发展的对策建议。本书受到江西省哲学社会科学重点研究基地：中国陶瓷产业发展研究中心资助。

刘冰峰

2023 年 9 月于景德镇陶瓷大学